Antoine Darima

GUIDE PRATIQUE POUR RÉUSSIR SA CARRIÈRE EN ENTREPRISE

Avec tout le mépris et la cruauté que cette tâche requiert

ZONES

Partagez vos expériences de la vie en entreprise sur le forum du livre, ouvert sur le site des éditions Zones : http://www.editions-zones.fr/forum

Si vous désirez être tenu régulièrement informé de nos parutions, il vous suffit de vous abonner gratuitement à notre lettre d'information bimensuelle par courriel, à partir de notre site www.editions-zones.org, où vous retrouverez l'ensemble de notre catalogue et la plupart de nos titres, intégralement consultables en ligne et pas mal d'autres choses encore.

ISBN : 978-2-35522-012-8

Zones est un label des Éditions La Découverte.

Conception graphique : deValence

Antoine Darima

GUIDE PRATIQUE POUR RÉUSSIR SA CARRIÈRE EN ENTREPRISE

**Avec tout le mépris
et la cruauté
que cette tâche requiert**

Zones

INTRODUCTION

> « On ne voit pas régner sur la terre une seule rivalité ; il en existe deux : l'une digne des éloges du sage, l'autre de son blâme ; toutes deux animées d'un esprit différent. L'une excite la guerre désastreuse et la discorde ; la cruelle ! Nul homme ne la chérit, mais tous, d'après la volonté des dieux, sont contraints de l'honorer en la haïssant. L'autre, c'est la Nuit obscure qui l'enfanta la première, et le grand fils de Saturne, habitant au sommet des cieux, la plaça sur les racines mêmes de la terre pour qu'elle vécût parmi les humains et leur devînt utile. Elle pousse au travail le mortel le plus indolent. L'homme oisif, qui jette les yeux sur un homme riche, s'empresse à son tour de labourer, de planter, de gouverner avec ordre sa maison ; le voisin est jaloux du voisin qui tâche de s'enrichir. Cette rivalité est pour les mortels une source de biens. Ainsi le potier porte envie au potier, l'artisan à l'artisan, le mendiant au mendiant et le chanteur au chanteur. »
>
> Hésiode, *Les Travaux et les jours.*

Si vous lisez ce livre, sans doute faites-vous partie de la famille nombreuse des salariés d'entreprise, de statut cadre ou pas encore. Il y a fort à parier que, chaque jour, votre réveille-matin sonne avant l'aube. À cette heure, le soleil n'est déjà levé que durant une courte période de l'année, aux alentours du solstice d'été. La sonnerie, vos yeux encore collés, le désordre des draps, l'odeur du café, les vapeurs de la douche, les bavardages de la radio, les Klaxon, les journaux gratuits en couleurs, etc., tout cela fait sans doute autant partie de votre vie quotidienne que le sommeil ou les repas, composant un jour sans fin, aux étapes immuables.

Comment tout cela a-t-il commencé ? Quand avez-vous acheté ce réveille-matin ? Quand le précédent est tombé en panne, n'est-ce pas ? Peut-être que, d'aussi loin que vous vous souveniez, la vie s'est profilée ainsi, comme les arbres de la cour intérieure qui, bien que dansant constamment, ont grandi et vécu là depuis toujours, entre les mêmes immeubles. Déjà, pour aller en maternelle, vous deviez vous lever tôt, prendre votre petit déjeuner, vous préparer... Vous aviez vos horaires, votre calendrier établis.

À l'âge de quatre ans, 99 % des enfants sont scolarisés en école maternelle. Avez-vous plus que des bribes de souvenirs de vos quatre ans ?

Si toute votre vie a été scandée par ce rituel quotidien, vous est-il arrivé, pour une période plus ou moins longue, de changer de rythme ? Je ne parle pas des vacances, bien sûr, mais d'une période plus longue. Un congé sabbatique, une phase de chômage, un changement d'orientation ? Qu'avez-vous ressenti ? Était-ce une libération, ou une perte de repères ? Vous êtes-vous étonné de vos réactions, de vos angoisses, de votre ennui, de vos sentiments ? Vous est-il apparu un attachement un peu étrange, inexplicable, à cette routine dont vous avez depuis toujours accepté les règles sans vraiment les choisir ?

Peut-être avez-vous réalisé à ce moment que ces contraintes étaient devenues votre mode de vie, une chose absolument normale faisant partie de vous-même, et que désormais l'existence hors de cela vous semblait absurde, inconvenante. Mais cela a-t-il changé votre rapport à l'entreprise ?

Pourriez-vous vous imaginer sans travailler ? Le rythme quotidien du bureau vous est-il indispensable ? Si oui, l'admettez-vous pourtant ? Êtes-vous reconnaissant à l'entreprise de vous avoir accueilli, fourni cet espace, cet ordre dans lesquels vous avez trouvé vos rails ? Au retour des vacances, par exemple, êtes-vous heureux de reprendre le travail ?

Par l'effet de l'habitude, nous n'attachons de l'importance aux choses et aux gens que lorsque nous sommes sur le point de les perdre. Nous décrions encore trop souvent notre cadre professionnel, alors qu'il nous a tant apporté. La tendance semble heureusement à l'amélioration, puisque l'institut de sondage IFOP, qui mène chaque année une enquête nommée *Norme de climat interne, une étude barométrique pour mesurer la satisfaction au travail des salariés français*, annonce des chiffres encourageants : « Depuis 2003 les salariés français se sentent de plus en plus satisfaits dans leur travail. En effet, ils sont désormais 84 % à se déclarer satisfaits de leur propre situation professionnelle, contre 81 % l'an passé et 76 % en 2003, soit une évolution importante et significative de + 8 points [1] ! » Peut-être est-ce en partie dû à l'initiative salutaire de la fête annuelle des entreprises, la journée « J'aime ma boîte ! », « créée en 2003 par Sophie de Menthon pour célébrer l'entreprise comme lieu de vie [2] ». Vous souvenez-vous du refrain entraînant diffusé sur les radios FM ? La réception de cet événement est heureusement excellente, comme le confirment les témoignages sur le site Internet officiel. Exemples : « Ce matin, autour d'un petit déjeuner copieux, toute l'équipe s'est réunie pour se rappeler qu'elle était fière de bosser dans une boîte comme la nôtre », ou : « Nous, on est pas les derniers pour la déconne. Cette année c'est concours de ping-pong entre chefs d'étage, je sens que ça va y aller ! ! ! »

Hélas, tout n'est pas rose. L'étude de l'IFOP est plus nuancée sur les détails : « Les cadres ont le blues (– 5 points en quatre ans) et les employés sont en pente douce depuis trois ans, alors que les ouvriers et les professions intermédiaires se sentent bien mieux lotis depuis 2003 (+ 13 points), ces derniers étant même, en 2006, plus satisfaits que les cadres (91 % contre 89 %). Une évolution que l'on retrouve sur le niveau de diplôme puisque la satisfaction des diplômés de l'enseignement de premier niveau (BEPC, CAP, BEP...) est celle qui progresse le plus (+ 10 points), avec celle de ceux issus de l'enseignement technique (bac pro) (+ 8 points) alors que les diplômés du supérieur voient leur niveau de satisfaction stagner. »

Pourtant, n'est-ce pas les cadres et les diplômés qui vivent l'implication la plus grande dans le monde professionnel ? À la fois dépendre ainsi du travail et ne pas lui accorder au grand jour toute la place qu'on lui voue secrètement semble du

1. IFOP, *Communiqué de presse Sondage Ifop : Norme de climat interne*, 2006, sur ifop.com.
2. Sophie De Menthon, *J'Aime ma boîte*, consulté le 6 août 2007, sur jaimemaboite.com.

masochisme ou de la schizophrénie. La voie royale vers une vie meilleure n'est-elle pas de rechercher l'accord avec nous-mêmes ? Telle est l'ambition de cet ouvrage : vous aider à optimiser votre succès et votre satisfaction dans l'entreprise, en présentant les arguments et les indications pratiques pour y réussir.

Une abondante littérature s'est développée autour de la réussite professionnelle, principalement dans les pays anglo-saxons. Les titres du genre *Réussissez tout ce que vous entreprenez*, *Partez gagnant*, *Les Lois du succès* fourmillent. Cette littérature du succès ne se pose que la question du comment : comment atteindre l'excellence, le succès, la richesse. Ses recettes sont consensuelles, bien-pensantes, et ne sont souvent que des compilations de remarques de bon sens. Elle pèche toutefois par un défaut méthodologique, en partant du principe que la question du pourquoi – pourquoi travailler – ne se pose pas. La réussite semble une fin allant de soi, un impératif catégorique. Aucun développement de son utilité n'est présenté. Ce faisant, les moyens proposés restent ambigus. La réussite personnelle est-elle une fin ou un moyen ? Cette question, il faudra d'abord y répondre. Lorsque vous vous trouvez dans une région inconnue, avec seulement une carte à disposition, vous devez savoir deux choses : premièrement, où vous vous trouvez, et ensuite, bien sûr, où vous voulez aller. Sinon, vous êtes simplement perdu. Se construire un objectif dans le cadre professionnel ne va pas forcément de soi, c'est un milieu qui s'est bâti bien avant nous, auquel nous devons d'abord nous adapter. Nous devons donc trouver notre propre chemin sur une route déjà tracée. Nous aborderons cette adaptation.

Lorsque le sujet sera couvert, il nous faudra alors aborder le comment, et décrire pratiquement les conditions de la réussite. Là où ce guide diffère des autres, c'est justement dans une démarche parfaitement adaptée non seulement à l'acceptation du pourquoi, et donc à l'adéquation des moyens aux fins réelles de notre évolution dans l'entreprise, mais aussi, par conséquent, aux réalités de ces moyens. La plupart des ouvrages pratiques refusent de dévoiler la réalité du monde de l'entreprise, qui obéit à des lois souvent non dites, pragmatiques, qui doivent être prises en compte. Nous avons l'ambition de vous dire les choses telles qu'elles sont.

Mais, pour conférer des bases solides au dévoilement de ces vérités pratiques, nous devons adresser d'abord la question de la nécessité du travail. Pourquoi acceptons-nous et, avec l'habitude, apprécions-nous de travailler ?

1
L'ENTREPRISE ET VOUS

« Acceptez cette réalité : certains jours vous êtes le pigeon, certains jours, la statue. »

Ricky Gervais (*The Office*).

On reconnaît souvent une des premières évocations des nécessités et bienfaits du travail chez Hésiode, dans son poème *Les Travaux et les jours*, un recueil de préceptes adressés à l'homme de la terre, pour l'inciter à vivre dans l'honnêteté et la prospérité.

Hésiode loue le travail et renverse la perception antique du labeur, vue comme une activité honteuse : « C'est le travail qui multiplie les troupeaux et accroît l'opulence. En travaillant, tu seras bien plus cher aux dieux et aux mortels : car les oisifs leur sont odieux. Ce n'est point le travail, c'est l'oisiveté qui est un déshonneur. Si tu travailles, les paresseux bientôt seront jaloux de toi en te voyant t'enrichir ; la vertu et la gloire accompagnent la richesse : ainsi tu deviendras semblable à la divinité. »

POURQUOI TRAVAILLER ?

Chez Hésiode, le travailleur n'est ni un guerrier ni un esclave. Il représente une catégorie intermédiaire, qui verra son importance grandir à travers les âges, jusqu'à représenter la norme aujourd'hui.

C'est ce statut que développe Hegel, quelques vingt-six siècles plus tard, dans *La Phénoménologie de l'esprit*, à travers la dialectique des figures de la conscience. L'oisif, le maître qui délègue toute tâche à ses valets, n'accède pas à la véritable liberté de l'homme. Il se contente de jouir du travail des autres, et provoque ainsi sa propre déchéance. Le valet par contre, à première vue un inférieur, réalise la véritable humanité à travers l'acte créatif de son travail. L'un cède à ses désirs sans médiation, alors que l'autre, à travers les contraintes du travail, accomplit un geste émancipateur et créatif. Comme le dit Hésiode, « les dieux et les mortels haïssent également celui qui vit dans l'oisiveté, semblable en ses désirs à ces frelons privés de dard qui, tranquilles, dévorent et consument le travail des abeilles ».

Cette capacité du travail à émanciper, à rendre libre, n'a pas toujours été reconnue comme telle. L'évolution historique en a modifié notre perception, jusqu'à créer ce que nous appelons aujourd'hui, la « valeur travail ».

LA VALEUR TRAVAIL

Avant la Révolution française, le travail est considéré comme une corvée indigne aussi bien par ceux qui s'en passent que par ceux qui ne peuvent faire autrement. Travaille celui qui n'a pas les moyens de s'en passer. Celui qui parvient par habileté à accumuler de l'argent pourra ensuite faire travailler les autres. La richesse n'est que marginalement et rarement acquise par le travail. C'est à cette époque que naissent de nouvelles théories de la valeur. Adam Smith, en écrivant les *Recherches sur la nature et les causes de la richesse des nations*, puis Ricardo, dans son livre *Des principes de l'économie politique et de l'impôt* et, bien plus tard, Marx établissent le travail comme la véritable source de la richesse. Face à la conception ancienne qui estimait le prix d'un objet à son utilité, ces trois économistes ont montré que c'est la quantité et la qualité du travail effectué pour le produire qui déterminent sa valeur marchande.

À partir de là s'est opéré un développement de la reconnaissance sociale du travail, que nous ne remettons plus en cause aujourd'hui. Il est devenu une activité naturelle de l'homme, étudiée par les sciences humaines, louée par les politiques, valorisée par les individus.

Au XIXe siècle s'est amorcée une autre révolution, celle de la division du travail. La séparation des tâches devient de plus en plus nécessaire à mesure que la production des biens s'industrialise. Un ouvrier ne peut plus maîtriser toute la chaîne de production, qui devient trop complexe. La division du travail est établie en système au début du xxe siècle par F. W. Taylor, qui crée le mouvement de l'organisation scientifique du travail, dont nous reparlerons.

À travers ces métamorphoses, le travail s'est éloigné des activités naturelles de l'homme. Il est organisé, théorisé, socialisé, mécanisé, réglementé. Ainsi, aujourd'hui, malgré la reconnaissance de sa valeur, il peut être considéré à nouveau par les individus comme une contrainte, une aliénation. Il ne va simplement pas de soi. En entrant dans le monde professionnel, l'employé subit premièrement un choc, peut-être un rejet, il doit se faire à une vie différente. Comment se produit cette adaptation ? Nous allons essayer de le comprendre.

L'ADAPTATION AU TRAVAIL

L'être humain a la capacité d'adapter sa personnalité à la situation dans laquelle il se trouve. Dans un contexte professionnel, il est courant – et d'ailleurs normal – que l'individu soit différent sur bien des aspects du même individu en famille ou en vacances. Son comportement, ses capacités, ses convictions, son assurance, son rythme, tout peut changer, mais plus encore ses valeurs, son éthique et sa motivation. De nombreuses écoles de psychologie font état de ces adaptations. L'analyse transactionnelle développe par exemple comme base de son approche une distinction d'états du moi, selon laquelle un homme peut se trouver dans différentes parties de la journée dans un état du moi parent, enfant ou adulte, en reproduisant les comportements et les émotions de ces états.

En gestalt-thérapie, la mise en scène de ce qui est appelé un monodrame met ces rôles et ces parties – ce que parfois les gestaltiens appellent les imagos, en référence à Jung – en relation, comme dans un psychodrame, mais représentant la structure interne de la personne.

Tout au long de votre vie, vous êtes amené à évoluer dans différents groupes humains, dans lesquels vous adoptez des rôles, qu'ils soient imposés ou choisis. Vous apprenez à les jouer jusqu'au point de les intérioriser complètement. Cela amène deux observations : premièrement les rôles que vous jouez s'affinent et s'améliorent avec le temps, et vous pouvez apprendre à mieux les jouer ; ensuite, vous pouvez choisir les rôles que vous voulez jouer, ou être la victime de ceux qu'on vous impose.

Comment le rôle joué dans l'entreprise se construit-il ? Les psychologues sociaux parlent de socialisation organisationnelle. Elle comporte, pour un nouvel arrivant dans le monde du travail, plusieurs aspects, ou étapes, qui se produisent successivement et parfois en simultané : « Le nouveau venu doit en premier lieu apprendre à maîtriser sa tâche. La nature de la tâche change bien sûr les capacités qui seront mises en jeu. Dans un travail d'exécution, il s'agira surtout des habiletés physiques (rapidité d'exécution, précision à acquérir...). Dans un travail administratif, il s'agira d'intégrer des scripts permettant de faire face à des situations diverses... le nouveau venu devra ensuite bâtir des relations avec ses pairs et avec la hiérarchie. Il lui sera nécessaire de repérer les normes qui régulent les comportements collectifs, ainsi que leurs limites d'application : ainsi certaines normes s'exerceront dans un groupe restreint, alors que d'autres seront répandues dans toute l'organisation. Enfin, le nouveau venu devra repérer la culture de l'organisation et les valeurs partagées. Elles prescrivent en effet les comportements à mettre en œuvre dans l'organisation [1]. »

Jan A. Feij, un psychologue néerlandais, considère qu'il y a, avant l'entrée dans l'entreprise, une socialisation anticipatrice générale (par l'éducation, la famille, les médias...) et directe (par les stages, les entretiens...) qui prépare l'individu au travail et lui permet de bâtir des attentes. C'est par cette socialisation anticipatrice, puis en situation, que le rôle, l'état du moi de l'employé, se construit.

Un individu qui travaille acquiert une conduite adaptée au milieu professionnel, différente de son comportement hors travail. Et, en réalité, cela englobe bien plus de choses qu'un simple comportement. Le terme de rôle recouvre également les croyances, manières de penser, schémas mentaux, désirs et émotions qui s'y développent. L'adaptation à l'entreprise se fait aussi dans toutes ces dimensions. Elle se produit parfois pour atténuer ce que le sociopsychologue Léon Festinger a appelé la « dissonance cognitive ».

1. Claude Louche, *Psychologie sociale des organisations*, Armand Colin, Paris, 2003, p. 58.

La théorie de la dissonance cognitive conjecture qu'un individu, en présence de cognitions [1] incompatibles entre elles développe un inconfort psychologique, une tension, qu'il va chercher à réduire, en modifiant son attitude ou ses cognitions, selon divers modes de réduction. En d'autres termes, un individu en face d'un changement se trouve devant des informations à assimiler différentes de celles auxquelles il avait accès auparavant. Son monde change, le forçant à accepter des règles, des normes et des présupposés différents. Or il est admis en psychologie que la rectification d'idées acquises est plus pénible que l'apprentissage vierge. L'adaptation d'une pensée ou d'un modèle déjà formé implique plus d'énergie, est plus déstabilisante que le simple apprentissage du nouveau. Si nous appliquons cela à l'entrée du salarié dans l'entreprise, il se produit une dissonance cognitive, qu'on pourrait aussi appeler une déstabilisation, une rupture de l'homéostasie ou, justement, un conflit de rôles : un rôle ancien et bien établi, qui correspond à un contexte privé, consacré à la satisfaction des besoins et désirs propres du salarié, et un rôle nouveau, déjà appréhendé de façon liminaire par les influences de socialisation anticipatrice. C'est ce deuxième rôle, dans l'obligation de se former au contact du monde de l'entreprise, qui va très souvent générer des dissonances cognitives.

L'acquisition d'un rôle dans une organisation sociale implique la confrontation à son système de croyances, c'est-à-dire l'ensemble des croyances reliées entre elles et partagées par la communauté qui constitue les normes de l'entreprise, sa culture, et aussi la représentation large que la société transmet de l'organisation appelée entreprise, de sa structure et du domaine dans lequel elle agit. Cette confrontation entraîne souvent des phénomènes de dissonance cognitive, avec différentes conséquences, dont l'inconfort ressenti par un individu face au rejet de ses opinions par la communauté et des risques de mauvaise interprétation des informations en dissonance. Ces risques sont d'autant plus importants, que les cognitions en jeu ne sont pas concrètement vérifiables. En effet, plus le système de croyances est idéologique et abstrait, plus la dépendance à ces croyances est forte pour un individu qui les a acceptées, et plus il est difficile pour lui

1. « Connaissance, opinion ou croyance sur l'environnement, sur soi-même ou sur son propre comportement », selon Léon Festinger.

d'en changer. Peut-être est-ce parce que ce type de croyances demande plus d'implication, qu'il est d'une importance plus fondamentale pour le sens et les valeurs de vie. Les croyances sur le travail, sur son rôle dans la société et parfois sur l'entreprise, sont de ce type, car elles impliquent la position sociale, la survie et l'épanouissement matériel, ainsi parfois que le sens et la valeur de la vie quotidienne. Les phénomènes de dissonance cognitive sont potentiellement plus aigus dans le cadre de l'entreprise.

Ce qui nous intéresse dans le phénomène de dissonance cognitive est la connaissance des mécanismes mis en œuvre par quelqu'un pour atténuer les inconforts qu'elle génère. En proie à une dissonance cognitive, l'individu cherche évidemment à la réduire. Cette réduction se fait d'abord par un changement d'attitude par rapport à la nouvelle situation, puis, ensuite, par une forte résistance au changement quand cette adaptation est établie.

Un exemple est donné par une étude de Brehm et Cohen destinée à établir le rôle de la rémunération dans le changement d'attitude [1]. À la suite d'une intervention policière brutale sur un campus américain, les étudiants la condamnent en bloc. Cohen explique à certains étudiants qu'il réalise une étude sur cette intervention et qu'il n'a pour l'instant que des arguments contre. Il leur demande de fournir des arguments pour, et leur propose, en même temps, une rémunération, établie selon quatre conditions qui correspondent à quatre montants allant de cinquante cents à dix dollars.

« Cohen fait l'hypothèse suivante : les individus ayant reçu une forte rémunération ne sont pas vraiment en situation de dissonance car ils ont l'impression de faire ce travail pour de l'argent. Par conséquent, ils ne changeront pas d'avis quant à l'intervention policière à la suite de l'expérience. En revanche, les sujets qui ont reçu une faible somme d'argent ne sont pas motivés par la rémunération. Mais par leur engagement contracté avec l'expérimentateur, ils sont en dissonance. Le seul moyen pour eux de la réduire est de croire davantage à l'intérêt de la tâche, à s'investir davantage dans le rôle demandé. Cette réduction de dissonance amène les sujets à changer d'opinion quant à l'inter-

1. J. W. Brehm et J. W. Cohen, *Exploration in Cognitive Dissonance*, Wiley, New York, 1962.

vention [1]. » Cohen vérifie et confirme ensuite cette hypothèse par un questionnaire.

Cet exemple montre plusieurs choses intéressantes : on obtient plus de résultats et de fidélité en s'appuyant sur l'entreprise en tant que communauté désirable, que sur la pure rémunération. La rémunération rend la relation mécanique et utilitaire, alors que le système de croyances, et le rôle que l'individu a à y jouer, crée un lien organique et plus profond. Pour réduire la dissonance cognitive, l'individu a tendance à modifier ses croyances pour les adapter au système auquel il se trouve confronté, si ce nouveau système lui apporte un confort. Dans le monde de l'entreprise, ce sont la position, la reconnaissance, la sécurité, la conformité sociale.

Lorsque le système de croyances est établi, l'individu manifeste une forte résistance au changement. Une des premières recherches sur ce phénomène est celle de Léon Festinger luimême, prenant comme objet un groupe sectaire apocalyptique américain dont le gourou, Mme Keech, avait prédit la fin du monde. Un groupe fidèle de croyants se préparait avec elle à cet événement. Lorsque les prédictions se trouvèrent démenties par les faits, ces gens, au lieu de se détourner de Mme Keech, se ressoudèrent autour d'elle avec plus de détermination, et leur croyance fut renforcée. Dans cette étude, une grande importance est accordée à l'engagement des sectateurs de Mme Keech [2]. C'est parce qu'ils étaient déjà fortement engagés dans leur croyance que l'attention générée par la dissonance entre elle et la réalité n'a pu se réduire pour eux que par une radicalisation encore plus forte.

La théorie de la dissonance cognitive, très féconde, a généré beaucoup d'études dans des champs divers. D'autres observations ont porté sur les phénomènes d'engagement personnel. On observe souvent que plus l'investissement de l'individu pour entrer dans un groupe a été coûteux, plus l'attachement est fort. Ceci est valable pour les apprentissages. Plus ils ont été difficiles ou humiliants, et moins l'individu est prêt à les remettre en question, ce qui peut déboucher sur des phénomènes de retourne-

1. Isabelle Samyn, *Enseignement et recherche en psychopathologie*, 2007, voir e-monsite.com/isabellesamyn/.

2. Léon Festinger, Hank Riecken, Stanley Schachter, *L'Échec d'une prophétie*, PUF, Paris, 1993.

ment (changement radical de sa vision du monde qui se traduit en actes visibles), comme dans les cas de bizutage où, après avoir été la victime du bizutage, l'attachement à l'institution est tel que l'individu devient bizuteur à son tour.

La moralité de ceci est que, une fois assimilé dans la communauté, l'individu en accepte les règles au point de complètement les confondre avec les siennes propres.

Le terme utilisé par Festinger – la cognition – permet d'aller plus loin que le simple système de croyances. Cette forme d'assimilation de pratiques, et de convictions, touche l'homme même dans ses perceptions sensorielles. Stéphane Laurens cite une observation faite à partir d'expériences de psychologie sociale : « Souvent dans les études expérimentales sur l'influence sociale, un compère est utilisé par l'expérimentateur. À la demande de l'expérimentateur, le compère doit affirmer telle position, doit donner telle réponse, doit adopter telle attitude… Le cas le plus étonnant est sans doute celui de ces compères qui, devant donner une réponse fausse à la demande de l'expérimentateur afin d'influencer un sujet naïf, ont fini par être influencés par cette réponse dont ils savaient pourtant qu'elle était fausse.

« Ces compères étaient payés pour, des journées durant, répondre "vert" quand l'expérimentateur affichait sur un écran une diapositive objectivement bleue. Ils avaient pour mission d'influencer des sujets naïfs placés à leur côté le temps d'une expérience. Ces compères savaient que la diapositive projetée était bleue et, en outre, ils connaissaient bien ces expériences sur l'influence des minorités, […] or ce que nous apprennent ces compères, c'est qu'au bout d'un moment, ils finissaient par voir la diapositive de la couleur dont ils étaient chargés de la désigner aux sujets naïfs : au début ils la voyaient bleue, mais ensuite ils finissaient par la voir verte [1] ! »

Ce mécanisme modèle donc l'individu au cadre de travail dans lequel il évolue et qu'il finit par intégrer de façon profonde. Cette intégration cognitive se produit dans plusieurs dimensions : outre l'intégration des normes et des croyances, de la culture d'entreprise, de l'utilité des biens ou services produits par celle-ci, et nous l'avons vu ci-dessus l'assimilation même des percep-

1. Stéphane Laurens, « Les dangers de la manipulation mentale », *Cahiers de psychologie politique*, 4, décembre 2003, disponible sur cahierspsypol.fr

tions de l'entreprise, il se crée également des pratiques, et un rythme auxquels l'employé s'habitue. L'attachement à ces usages est pour une bonne part responsable de la déprime ressentie par les gens qui se retrouvent soudain hors du cadre de travail. Cette dimension est à ajouter à la dissonance, comme une tension créée par l'opposition entre des rythmes, des contraintes différentes (les horaires opposés à la liberté d'occuper et de planifier soi-même son temps). Tout cela contribue à créer une enveloppe qui est interprétée par l'individu comme une structure de sens et de valeur.

Lors de la fermeture de l'usine Renault à Vilvorde, en Belgique, en 1997, qui avait provoqué un choc et généré une importante couverture médiatique, de nombreux témoignages d'employés brusquement licenciés furent publiés. Provenant pour la plupart des campagnes du Brabant, le travail semblait pour eux une valeur importante, ce que les psychologues sociaux appellent une forte centralité du travail. Ces individus décrivaient leur perte comme presque existentielle, une perte de sens, de repères, pratiquement de raison de vivre, alors que, de l'extérieur, on peut s'interroger sur la qualité de cette raison de vivre, comme nous pouvons le lire dans un article de *L'Expansion* [1] : « Aujourd'hui, les 2 652 ouvriers du site travaillent neuf heures par jour en deux équipes. Deux pauses de dix minutes sont autorisées. De l'aveu général, le stress lié aux contraintes de productivité est arrivé à la limite du supportable : "Il y a deux ans, on suivait les voitures sur un tapis roulant, raconte un ouvrier de la chaîne de montage. Aujourd'hui, ce sont les voitures qui arrivent vers moi, par saccades. J'ai devant les yeux des petites lumières. Quand le vert s'allume, je sais que j'ai 1 minute 20 pour installer une trentaine de câbles. À l'orange, il me reste 10 secondes. Au rouge, c'est cuit : la voiture s'en va. La seule manière de tenir les cadences, c'est de se lancer des défis avec ses équipiers." »

Un peu plus loin, le même article donne un élément d'explication : « La fierté de remplir les objectifs l'emporte sur tout le reste. »

C'est donc réellement un système cognitif complet qui se crée et est intégré par le salarié, et qui constitue un horizon parfois

1. Daniel Fortin, « Retour à Vilvorde », *L'Expansion*, 3 avril 1997.

essentiel de sa vie. Dans ce système, il lui devient pratiquement inconcevable de cesser ou de changer son activité. La résistance au changement est très importante. Même si la situation n'est pas satisfaisante, l'individu s'y accroche, comme s'il n'avait pas la possibilité de refuser, de partir, comme si ce choix personnel était inconcevable, ou trop douloureux. Dans le groupe de Mme Keech, l'inconfort de la non-réalisation de la prophétie a généré plus de foi. Chez Renault, la dégradation des conditions de travail a provoqué des réponses allant dans le sens de cette dégradation : défis à la vitesse, fierté de la productivité.

Nous l'avons vu, la création de ce système cognitif et d'un rôle fort de l'individu dans ce système est dépendante de son implication première, de l'intensité de sa motivation, ou des difficultés rencontrées, de la quantité d'énergie déployée pour s'y intégrer, en quelque sorte du prix de l'entrée. Il paraît logique de vouloir rester quelque temps dans un endroit où l'on avait fortement envie de se rendre et dont l'accès a été difficile. Il y a bien un moment où nous avons envie de profiter, que tout cela n'ait pas été en vain. Mais tout travail, en tant que tel, est-il motivant ?

L'INTÉRÊT AU TRAVAIL

Il est bien possible que la finalité du travail en entreprise ne nous intéresse pas de prime abord. Quoi de plus naturel que de ne pas avoir d'affinité particulière pour la vente de polices d'assurance auto tiers-médian, la diffusion de bannières publicitaires érotiques sur les portails Internet pour téléphones mobiles ou la production de cuisses de poulet conditionnées. Rester fixé sur cette perspective n'aurait qu'un effet : nous détourner de l'action professionnelle en général. Il y a sans doute des domaines particuliers qui éveillent notre intérêt, mais comme ils sont souvent intrinsèquement plus attirants ou plus gratifiants que d'autres, l'affluence y est certainement déjà importante. D'autres voies, moins recherchées parce que, de prime abord, moins passionnantes, offrent – la logique en est mathématique – plus d'opportunités.

Certes mais, dans ce cas, comment nous faire à l'idée d'exercer une activité pour laquelle nous ne sommes *a priori* pas motivés ?

La psychologie du travail, une discipline qu'il est préférable d'utiliser plutôt que d'en être la victime, a fait de la réponse à cette question une priorité. Plus elle sera en mesure d'y répondre, plus elle sera efficace dans son objectif de mettre le peuple au travail. Opère-t-elle en cela une réelle recherche de la satisfaction des besoins individuels, ou cherche-t-elle à maintenir le travailleur dans un bonheur conforme en manipulant son intellect ? Quelle est réellement la différence, lorsque nous devons quoi qu'il en soit travailler pour vivre, et que notre choix est limité ?

En psychologie du travail, donc, on distingue deux raisons pour lesquelles les gens s'activent : La motivation et la satisfaction.

MOTIVATION ET SATISFACTION : DEUX FORMULES

La motivation peut être ainsi résumée : $m = \sum A.V$, où A représente les attentes, et V les valences. La motivation au travail est donc l'ensemble des attentes qu'une personne porte sur son emploi. Chacune de ces attentes est affectée d'une valence qui augmente avec la désirabilité ou l'importance de l'attente. Les valences attribuées aux attentes sont subjectives. Elles peuvent différer selon le travailleur et le type d'emploi [1].

« La satisfaction suppose une confrontation des attentes (A) avec les résultats effectivement obtenus (O). L'idée est que plus les attentes (A) dépassent ce qui est obtenu (O) moins la satisfaction est grande. » Ça donne ceci : $s = 1 - \sum \boxed{A} - 0 \boxed{.} V$.

Voilà qui apporte un éclairage sur notre question. On comprend donc qu'on ne peut être satisfait sans être motivé, mais qu'on peut être motivé sans être satisfait. Bref, on peut travailler pour se nourrir, ou dans l'espoir d'atteindre une satisfaction future. Les motivations sont de différentes natures, soit en rapport avec des aspirations immatérielles, comme la réalisation de soi dans des domaines d'intérêt personnel, soit plus concrètes, comme le besoin de se nourrir, et de nourrir sa famille. Dans les théories du comportement, on parle d'attentes externes et d'attentes internes. Comme leur nom l'indique, les attentes externes font partie du champ de l'entreprise ou de la société

1. Éric Bittar, *Motivation et efficience au travail*, 1996, helios.univ-reims.fr

(reconnaissance, salaire, mérite...), alors que les attentes internes sont des aspirations personnelles. Il apparaît souvent que la valorisation subjective de ces aspirations diffère selon les types de société. Par exemple, dans une civilisation de consommation abondante, moins exposée aux contraintes directes de la survie, les aspirations matérielles sont évidemment moins prégnantes.

Au-delà des théories du comportement, une approche fondée sur les contenus classifie plutôt les attentes en fonction des besoins de l'être humain. En utilisant la pyramide de Maslow, qui n'est plus aujourd'hui ignorée de personne, on peut les hiérarchiser en niveaux : besoins physiologiques, besoin de sécurité, d'appartenance, d'estime de soi et par les autres, enfin besoin de réalisation. Au fur et à mesure que les niveaux sont satisfaits, le besoin s'élève au niveau supérieur.

Quelle que soit l'approche, on constate une séparation logique entre besoins matériels, ou élémentaires, et besoins immatériels, ou élevés. On y dessine une hiérarchie où la finalité consiste à aborder le thème de la réalisation de soi. Mais, qu'est-ce que la réalisation de soi dans le cadre de l'entreprise ? Y a-t-il un espace où peuvent se recouper satisfaction des besoins physiologiques et accomplissement ? Toute la question est de savoir si ces deux catégories sont nécessairement, génétiquement et irrémédiablement liées aux choix premiers de l'individu. En d'autres termes, les besoins physiologiques sont-ils toujours une forme de contrainte qui s'applique à la condition humaine, et la réalisation de soi est-elle toujours le résultat d'un choix libre, opéré à partir des aspirations spontanées, des élans originels du cœur ? L'épanouissement ne peut-il se produire tout aussi bien dans un cadre contraignant, dont nous avons accepté puis intériorisé les règles ?

C'est ce qu'on nomme l'implication dans l'emploi. « C'est le fait d'être concerné par tout ce qui touche à l'emploi et le souhait de la réussite de l'organisation. Elle conduit à un besoin de s'accomplir dans le travail et d'y actualiser ses capacités. [...] Une notion voisine de l'implication, encore liée au travail est l'engagement dans l'entreprise. Il s'agit du besoin d'accomplir les buts de l'entreprise que le travailleur identifie plus ou moins à ses buts personnels. Il est d'autant plus grand que l'individu accepte, intériorise les buts et valeurs de l'entreprise et estime que son rôle est de contribuer à ces buts indépendamment de ses objectifs personnels [1]. »

La psychologie sociale décrit assez précisément ces typologies, sans donner d'indication pratique pour générer cette implication. Que faire si nous sommes contraints de travailler en entreprise pour satisfaire nos besoins des premiers niveaux, alors que notre tendance naturelle à l'implication est faible ? Faudrait-il pour cette seule raison remettre en cause notre inscription dans la structure du travail salarié ? N'aurions-nous pas, comme les autres, droit à l'épanouissement ?

Rappelons que nous n'accédons aux besoins de niveau supérieur, c'est-à-dire à la recherche de réalisation de soi, que lorsque nos besoins de niveau inférieur sont satisfaits. Vouloir nous accomplir en négligeant nos exigences physiologiques est un leurre. Passerions-nous outre cette règle fondamentale, nous verrions aussitôt la sérénité indispensable à la réalisation de soi s'effacer derrière le réveil de nos instincts.

Comment donc concilier travail en entreprise et réalisation personnelle ? L'approche que je vous propose est d'adopter une attitude non résistante, et, comme dans les arts martiaux, d'utiliser l'énergie de l'adversaire comme tremplin pour votre action personnelle. Cessez de résister, consommez votre étreinte. Laissez-vous tomber amoureux de votre entreprise.

En cherchant systématiquement un métier qui nous plaît *a priori*, nous agissons comme les couples modernes qui désirent se former directement selon leurs affinités. *A priori* l'intention est excellente. Or, dans les faits, on ne peut affirmer que les résultats sont plus probants qu'à l'époque des mariages arrangés. Les couples sont même moins stables. Certes, il est de plus en plus facile et anodin de se séparer, mais les statistiques démontrent tout de même que le résultat d'un choix personnel impulsif n'est pas nécessairement plus fiable. L'obligation d'autrefois qu'avaient les époux choisis de faire bonne mesure – ou plutôt contre mauvaise fortune bon cœur – permettait peut-être de développer avec le temps un sentiment de respect mutuel, voire de tendresse, qui soudait plus solidement que l'énergie folle des premiers élans.

1. *Ibid.*

Nous rêvons dans le choix de notre activité d'un idéal, comme en matière d'amour on rêve du prince charmant. Cette quête parfois nous aveugle sur les contingences du quotidien et les considérations concrètes. Le prince charmant présente sans doute merveilleusement bien, et son attelage est luxueux, mais serait-il alcoolique ou violent que nous ne pourrions nous en apercevoir que trop tard, lorsque le voile de fascination recouvrant nos yeux serait tombé de lui-même.

Tout type de travail partage, dans sa mise en œuvre quotidienne, des gestes, des pratiques universels. Ce sont ces actions qui font le travail, et non pas la généralité du domaine. Le travail, chez Hésiode comme chez Hannah Arendt, est par nature répétitif. C'est à travers la répétition quotidienne que vous avez accès à votre activité. Si vous parvenez à en rendre les étapes intéressantes, cela transformera votre perception du champ, et donc votre intérêt pour votre travail. Il s'agit de l'adaptation d'un principe élémentaire de motivation : il est bien plus difficile de se lancer dans une activité si on ne considère que l'ensemble de la tâche. L'être humain a besoin de voir des résultats ou de petites satisfactions se produire rapidement, pour alimenter une boucle de satisfaction qui entretient la motivation. En découpant une activité imposante en petites étapes, des unités comportant leur dose d'efforts et de plaisir, vous pouvez mener à bien même la tâche la plus ardue. Comment mange-t-on un éléphant ? Morceau par morceau, bien sûr ! Comment arrive-t-on à bout d'une longue marche ? Par petits pas.

Grâce à notre capacité d'adaptation et à l'empreinte de la quotidienneté, l'intérêt peut naître et se développer avec le temps, là où il était absent *a priori*. Comment cette transformation peut-elle se produire ?

Notre perception souffre d'un effet de perspective. Le temps est comme une route de campagne sur laquelle nous avançons. Chaque pas ne nous coûte qu'un petit effort. C'est le fragment d'un élan continu, plus important, mais décomposé. Ainsi, nous appréhendons tout différemment l'effort que va nous coûter l'ascension d'une montagne lointaine, et celui de la succession des pas instant après instant. Nous mesurons la complexité du présent, alors que nous percevons le passé ou le futur comme homogènes, et il nous est difficile de les détailler. De ce fait, nous avons tendance à juger nos options futures d'un bloc, les acceptant ou les rejetant sans nuance, incapables d'en extraire les découpes intéressantes ou pénibles et d'en faire un tableau complexe sur lequel exercer un jugement pondéré. De surcroît, nous oublions d'inclure une place pour la surprise. Pour assurer notre sécurité, nous ressentons le besoin atavique de maîtriser notre environnement. L'imprévu nous fait peur. Mais, bien souvent, lorsqu'il a été appréhendé et géré à sa juste mesure, dans le flot du temps présent, il n'a rien d'inquiétant. Il peut même se révéler agréable.

À la lumière de ces considérations, réitérons notre conseil : inscrivez-vous sans mélange dans le monde de l'entreprise, avec confiance et sécurité, car il peut vous offrir une structure propre à vous épanouir dans un cadre protecteur, motivant, en proposant des repères à la construction identitaire, dans le groupe et le partage de valeurs, dans les évaluations réciproques.

Il ne s'agit plus ici des valeurs transcendantales et hors de portée de la religion dont on sait la baisse d'influence historique, mais de valeurs concrètes dans lesquelles il est aisé de se reconnaître et d'évoluer, et qui se cristallisent dans certaines qualités personnelles comme l'affirmation de soi et, par extension, la compétition.

Car, pour pallier le désintérêt possible des parties rebutantes de votre travail, vous pouvez vous impliquer dans ce que les psychologues américains D.C. McClelland et J.W. Atkinson ont nommé le « besoin de réussite » (*need for achievement*, ou N-Ach). « C'est une motivation voisine de l'implication mais plus personnelle, c'est-à-dire plus indépendante des situations concrètes de travail. Ce besoin est activé dans les situations de travail où les tâches sont pressenties comme indicatrices des capacités du sujet [1]. »

Comment peut-il se manifester ? Par la découverte du goût de la compétition, par familiarisation progressive à la structure, parfois par mimétisme, par les satisfactions sociales obtenues à l'exercice des responsabilités, par la prise de conscience de notre influence sur les autres. Il s'agit en quelque sorte de focaliser son attention sur les aspects du travail qui procurent une fierté relationnelle et personnelle. La tâche productive en tant que telle n'a pas d'importance. Au contraire, rester focalisé sur

1. *Ibid.*

elle ne provoquerait que des désillusions. Pour s'épanouir dans son travail, il faut se concentrer sur les détails proprement structurels de son organisation, plutôt que sur la finalité de l'ouvrage.

Embrasser la dimension structurelle de l'entreprise est le propre de la position de cadre, qui est aujourd'hui le statut émancipateur par excellence. Elle permet à la fois de se libérer de l'oisiveté et de s'épanouir dans le travail, tout en permettant, par les vertus de la lutte pour la carrière, d'atteindre l'état de guerrier. C'est cette lutte pour la carrière qui permet au cadre, à l'intérieur du travail, d'échapper au statut d'esclave, à l'inféodation à la finalité sèche du travail productif. Elle résout dans la modernité l'opposition dont faisait état Hésiode. Être cadre, gérer sa carrière, telle est la voie de l'émancipation.

POURQUOI GÉRER SA CARRIÈRE ?

> « Dans les affaires, traite ton ami d'aujourd'hui comme un ennemi de demain ! »
>
> Mazarin, *Bréviaire des politiciens.*

Nous avons vu précédemment combien est important le besoin de sécurité et qu'il est indispensable de le prendre en compte pour assurer une évolution équilibrée de l'être. Mais on ne peut s'épanouir sur cette seule base, car un élément essentiel du bien-être est le besoin d'aller de l'avant et de prendre des risques. Or quelle est naturellement la voie la plus efficace pour conserver cette sécurité matérielle (au fond assurer notre survie) et à la fois répondre au besoin de réussite ? Évidemment une stratégie de gestion de carrière ambitieuse. C'est un antidote au néant. S'investir dans le management et dans l'entreprise est une perspective plus brillante que l'errance sans but. Et cette voie comporte des avantages sociaux et financiers.

A fortiori, ce qui en constitue la caractéristique la plus remarquable est que l'amélioration de la carrière, donc la satisfaction du besoin de réussite, coïncide avec l'amélioration du sentiment de sécurité, en le renforçant. En effet, plus votre position dans l'entreprise est importante, plus votre valeur dans celle-ci vous offre une garantie de pérennité. Attention, ceci n'est pas toujours vrai, et nécessite souvent de la finesse et de la stratégie.

On s'aperçoit en effet que les postes à responsabilité font souvent office de soupapes. Il y a deux types d'employés qui sont des victimes potentielles de licenciement : le simple salarié que le manque de qualifications, la jeunesse ou le peu d'entrain rendent superflu et aisément remplaçable, et le décideur ou le manager que le salaire élevé rend onéreux, et dont la visibilité en fait un candidat à l'expiation.

Ne vaudrait-il pas mieux cultiver la discrétion, soigner son ouvrage, chercher la tranquillité ? Se préoccuper de sa carrière semble à beaucoup un effort désagréable qui les détourne de la routine rassurante d'un travail bien organisé, et le maintien de la survie par l'organisation autour d'eux d'un monde prévisible.

Non, au contraire, car cet immobilisme est paradoxalement dangereux. Vous ne pouvez garantir la stabilité de votre situation en abandonnant le jeu dans lequel elle s'inscrit. Le monde de l'entreprise évolue dans une lutte compétitive entre les employés, pour l'amélioration de leur carrière. Il s'agit d'une lutte de sélection naturelle, où s'affirment les meilleurs membres de la communauté. Si vous choisissez de vous en retirer totalement, vous serez à moyen terme victime de cette lutte, et votre situation en souffrira. Vous devez vous inscrire peu ou prou dans la compétition. Cette attitude de compétition a de nombreux avantages : elle motive, elle rend actif, entreprenant, inventif. Elle permet au caractère de se forger. Elle tire l'être humain vers le haut et le dynamise en l'aidant à se définir à travers des objectifs.

C'est donc sous l'aspect vivifiant de la compétition que nous vous proposons d'aborder votre implication professionnelle. Car, bien que le monde de l'entreprise semble feutré, vous devez y faire vos preuves. L'entreprise a besoin de savoir ce que vaut un homme. Si ce n'est par la formation, par les expériences professionnelles ou par la cooptation, elle ne peut que juger sur pièce. Et elle doit juger vite. L'outil éducatif est souvent un critère recherché, mais il est déficient. De nos jours, tout le monde fait des études, et il y a, considérant le grand nombre d'étudiants, à peu près la même proportion de gens talentueux provenant de cette filière, que parmi les autodidactes qui ont dû creuser leur chemin avec souvent plus de détermination. On peut dire qu'il n'existe plus, aujourd'hui, de critère réellement fiable, autre que la compétition, pour établir ce jugement. Quand vous entrez dans une entreprise, toutes les portes vous sont ouvertes, et l'avenir ne dépend que de vous.

Votre objectif sera donc de lutter pour votre carrière par la compétition, afin de bénéficier d'une promotion rapide. Évidemment, votre premier souci n'est pas l'entreprise, c'est vous. Vous n'avez aucun intérêt à vous sacrifier pour une structure déshumanisée dont les seuls objectifs sont le profit et la croissance abstraite. Pourquoi travaillez-vous ? Est-ce simplement pour le plaisir d'accomplir ce travail dont vous n'avez pas choisi les modalités, ou est-ce pour assurer votre bien-être et votre promotion sociale ? Vous n'avez rien à gagner à vous maintenir dans un poste subalterne, seulement une routine délétère. Par conséquent, votre objectif doit être de gravir les échelons. C'est ce qui rendra réellement votre travail intéressant, motivant.

Souvenez-vous d'Hésiode. Le monde de l'entreprise est composé des deux types de personnalités : les guerriers et les esclaves. Aujourd'hui, des termes plus adaptés seraient les résignés et les ambitieux. Les résignés sont ceux dont la vie est commandée par toutes les formes d'influence : instances de décision sociales, autorités publiques, médias. Être résigné signifie avoir compris les limites et les contraintes de ce monde, et s'y être plié sans lutter. C'est avoir assimilé que l'alternative n'existe pas. Cette réalité étant acquise, le résigné n'a plus aucune ambition personnelle. Il doit s'insérer, accepter les règles d'un monde sur lequel il n'a aucune prise, qui ne lui offre que des choix limités, qui n'a en définitive rien à lui apporter de ce qu'il désire. Quel intérêt pourrait-il donc trouver à dépenser de l'énergie pour s'insérer encore plus dans la structure de l'entreprise ? Sa situation de subalterne lui est déjà suffisamment pénible, pour que la perspective de dépenser encore plus d'énergie pour s'élever dans la hiérarchie, lui soit complètement étrangère. Tout ce que veut un esclave, c'est s'enfuir.

L'attitude consistant à travailler toute sa vie dans le cadre de l'entreprise, tout en restant réfractaire à son fonctionnement même, n'est-elle pas proprement schizophrénique ? Une façon de nier sa propre vie ? Certainement nous n'avons pas fait le choix de travailler en entreprise de gaieté de cœur, certainement nous avons pu répondre à des obligations, prendre en compte la conjoncture, les réalités de ce monde, en un mot nous avons dû faire preuve de réalisme. Mais une fois ce choix effectué, une fois la bouteille ouverte, une fois le verre bu, le flacon bien entamé, à ce moment faut-il déjà regretter le début de l'ivresse ? Ce choix n'est-il vraiment en rien un vrai choix, seulement une autre façon de rencontrer l'obligation ? Et même si cela était, nous devons-nous de vivre toute notre existence comme une fatalité ? Ne nous sommes-nous pas demandé longtemps ce que nous voulions faire dans la vie ? Maintenant que la sagesse sociale a répondu à cette question à notre place, devrions-nous la snober ? Pourquoi ne pas accepter ce chemin que le destin nous a apporté, pourquoi ne pas rester ouvert aux nombreuses opportunités, aux satisfactions et à la croissance que peut nous apporter notre inscription intense dans la vie professionnelle ?

C'est le raisonnement de l'ambitieux. Il est soit un résigné qui s'est pris au jeu, soit quelqu'un qui, à l'origine, par nature, possède la fibre du succès corporatif. Pour lui, l'énergie dépensée dans l'entreprise ne l'est pas en vain. La promotion sociale amenée par la promotion professionnelle porte tout son sens. Alors que le résigné pense que le monde de l'entreprise n'intéresse personne, et que, par nature, tout être humain est comme lui un résigné, l'ambitieux vit la hiérarchie comme un tremplin. Si la résignation était l'état naturel, comment expliquer que notre civilisation soit maintenant complètement structurée autour du monde de l'entreprise ?

Oui, pourquoi cela ? Est-ce parce que notre aspiration à une vie meilleure, à l'accumulation des richesses, n'a trouvé, dans le hasard de l'histoire, que cette voie pour s'épanouir ? Avons-nous réellement dépensé tant d'énergie pour bâtir une civilisation qui nous est fondamentalement contre nature ? Ou ne serait-ce pas plutôt parce que cette structure satisfait notre besoin symbolique et profond de regroupement, d'action dans un but de grande envergure, de l'union d'une satisfaction personnelle avec la participation, dans une saine compétition avec nos proches voisins, à une avancée collective, à travers la ritualisation de nos journées, la création de systèmes, l'émulation de l'échange et de la concurrence ? N'est-ce pas plutôt là, la réalité de notre nature, les conditions de notre émancipation, la source de notre énergie, finalement ce qui fait de nous des hommes ?

Ainsi, l'ambitieux puise son énergie à la source même de ce qui constitue, pour le résigné, les conditions de sa déréliction. Certainement, de son côté, l'ambitieux pense parfois, comme le résigné, que tout être humain porte les mêmes aspirations, que chacun, comme lui, cherche à s'épanouir, à élargir son influence et sa présence dans le monde professionnel. Là où le résigné ne comprend pas la structure interne et le fonctionnement de l'entreprise, l'ambitieux ne peut pas imaginer qu'on ne puisse rien y trouver de motivant.

Car l'ambitieux s'épanouit dans l'entreprise, et *par* l'entreprise. Ce n'est pas tant l'entreprise elle-même qui lui permet de s'épanouir, que l'énergie qu'il y investit. Il sait aussi que l'entreprise en tant que telle ne peut lui apporter cet épanouissement sur un plateau. Il sait que rien ne pourrait advenir de grand d'une soumission aveugle à l'abstraction de l'entreprise. Il sait ne pouvoir se développer dans cette structure qu'en revêtant l'armure du guerrier, en s'en appropriant les règles pour son développement personnel. Il n'y a rien à gagner à se transformer en pantins des structures mécaniques et vides du corporatisme. Certes, nous sommes tous au service d'une cause, d'autant plus qu'elle nous accueille. Mais, tout à fait comme en politique, la cause est aussi d'être à notre propre service. L'ambitieux, en tant que guerrier, est en lutte avec deux éléments : l'entreprise comme entité, et ses collaborateurs comme adversaires.

D'une certaine façon, oui, il faut lutter contre l'entreprise. Car, dans sa dimension même, dans sa nature, elle est une construction rationnelle, mécanique, dont l'objectif est centré sur sa propre croissance. La réussite personnelle de ses ressources n'est en rien inscrite dans ses gènes. Elle est comme une ruche : la survie et la croissance de la communauté prennent toute la place sur les besoins individuels.

Dans deux livres récents, *L'Étoile de Pandore* et *Judas démasqué*, l'auteur de science-fiction anglais Peter Hamilton décrit une société du futur où la technologie et le libéralisme économique ont apporté à la race humaine la richesse, le bien-être, et même la vie éternelle à travers la transplantation de la conscience dans un corps nouveau par clonage. C'est une société de consommation, de croissance et de paix sur laquelle s'ouvre le premier livre. Mais cette civilisation va se retrouver menacée par une race extraterrestre redoutable, structurée comme une ruche. Il s'agit d'une société dirigée par un groupe d'êtres formant un énorme cerveau et qui pilote à tout moment une gigantesque armée de travailleurs, vidée de toute initiative et de toute individualité. Ainsi structurée, cette civilisation ne peut considérer l'altérité que comme une menace à sa propre existence. Dans sa nature même, elle est opposée à la présence de toute autre forme de vie. Ainsi, la guerre du futur qu'imagine Peter Hamilton est la lutte entre une société hautement individualisée et une autre totalement centralisée ; un seul cerveau, des millions de membres. Cette civilisation extraterrestre fait très fortement penser au monde de l'entreprise, dirigé par un petit comité qui téléguide des millions de mains. Comme dans cette civilisation extraterrestre, le bien-être personnel et individuel de l'exécutant n'a aucune importance. Ce qui importe, c'est qu'il remplisse sa tâche. C'est une sorte de guerre entre un monde d'ambitieux et une civilisation de résignés.

À peu près la seule différence entre ce monde extraterrestre et celui de l'entreprise est que les êtres d'Hamilton sont physiologiquement dénués de volonté propre. Ils n'ont donc aucune compétence particulière, ils sont interchangeables. Dans l'entreprise, tout le monde n'est pas remplaçable au même degré. Certaines compétences sont plus précieuses que d'autres, le degré de sophistication requis pour certaines tâches nécessite du personnel qualifié et expérimenté. Les collaborateurs fiables, grâce à leur rareté, sont recherchés et retenus. C'est dans cette voie que vous devez vous diriger pour être non seulement conservé par l'entreprise, mais plus encore valorisé, et promu. Mais attention, compétence et fiabilité ne sont pas à entendre objectivement. En tant que telles, ces qualités n'ont aucun intérêt. Il n'importe pas d'être fiable, il importe de vous présenter comme tel. Voilà le vrai secret du guerrier dans l'entreprise.

COMMENT AMÉLIORER SA CARRIÈRE ?

L'entreprise est conçue selon un modèle hiérarchique fondé sur des positions et des responsabilités, dans une conception généralement pyramidale. On y entre à un certain étage de la pyramide, soit tout en bas, soit déjà à un certain niveau selon son expérience, sa formation et ses cooptations. Ensuite, la question est : comment monter ? Nous avons vu qu'il faut d'abord le vouloir et le décider. Reste la question des moyens.

L'erreur consisterait à croire que la seule qualité du travail suffit à assurer une perspective de carrière satisfaisante. Ce serait possible si les décideurs – la hiérarchie – étaient des êtres parfaitement rationnels. Mais ils sont humains. Votre manière de communiquer sur la qualité de votre travail est au moins aussi importante que le travail lui-même. Il y aurait un vrai gaspillage à effectuer des tâches avec succès sans que ce soit noté. La communication doit être optimisée, aussi bien en termes d'efficacité que de destinataire : le bon message aux bonnes personnes. Ne laissez pas cela au hasard, ce serait du gâchis.

VENDEZ-VOUS

Le naturel, la qualité crue, n'apportent aucune valeur. Les hommes sont attirés par les porte-jarretelles, le rouge à lèvres, les coiffures ondulées. Les femmes africaines, au contraire, se défrisent les cheveux. Les confitures industrielles affichent sur leurs étiquettes des portraits de grands-mères. Pour recréer l'arôme de fraise, le chimiste a besoin d'une vingtaine de composants, mais bien entendu, pas forcément du fruit. Le raisin est sucré, mais son effet est sans comparaison avec le vin, qui seul amène l'ivresse. La lingerie provoque plus que la nudité. Les pommes ne sont douces que lorsqu'elles sont pelées. Tout peut ou doit s'apprêter.

Il est de notoriété publique qu'un talent qui ne parvient pas à se vendre est un talent perdu. Il restera méconnu, sans parvenir à exprimer ses potentialités. Se vendre, assurer sa propre promotion, n'est plus maintenant l'apanage des célébrités. Tout le monde est sollicité et doit d'une façon ou d'une autre assurer ses relations publiques, à plus forte raison dans le monde de l'entreprise, où on ne peut pas compter sur la lucidité ou la bienveillance de ses collaborateurs, de ses témoins.

C'est plus qu'une erreur de croire que votre qualité personnelle va être reconnue par elle-même, sans que vous ayez besoin de la mettre en valeur, c'est aussi une forme de prétention. Un égocentrisme qui nie tout ce que vous pouvez transmettre à l'autre et vous enferme dans une autarcie orgueilleuse. Ce n'est pas pour rien que de la publicité est aussi appelée communication. Affirmer votre valeur, vos qualités, est une forme de présence au monde et de don à l'autre. Vous rendre intelligible, convaincre, est une façon de vous respecter et d'offrir une image optimisée de vous. C'est aussi une compétence que vous pouvez développer, une créativité mise au service de votre carrière, un art tout comme la communication publicitaire.

Cette démarche va vous inciter à deux choses : d'abord à faire preuve de prudence, d'une certaine retenue, de réflexion avant l'action, ensuite à mesurer l'importance relative de l'action et de la communication. Voyons les choses en face : l'action sans communication n'a pas de valeur. Par contre, la communication sans beaucoup d'action est une voie possible. Car, on l'a dit, tout peut s'apprêter.

Certes, si vous effectuez un travail de qualité, vous devez le communiquer. Mais cela veut-il dire que si vous êtes un employé médiocre, vous êtes condamné à stagner ? Quelle injustice ! En réalité, la qualité de votre travail, *stricto sensu*, n'est pas importante. Vos réalisations sont des fragments qui s'insèrent dans le montage complexe de l'entreprise. Bien faire votre fraction de travail peut vous paraître valorisant, mais pensez plus large : cela peut aussi freiner votre carrière en transmettant l'idée que votre esprit s'épanouit dans le fragment. Pour gravir les échelons de la hiérarchie, vous devez au contraire convaincre que votre nature est faite pour de plus grandes responsabilités. Bâtissez-vous plutôt comme un individu prometteur, riche en potentialités, appelé à l'évolution. Ce qui décide à penser que vos capacités sont sous-estimées est votre propension à voir les enjeux plus grands, l'image globale. L'employé ou le cadre modeste ne saisissent que la partie qui les concerne et manquent de la capacité à la replacer dans le contexte global. Vous devez démontrer cette faculté qui vous permettra de manager d'en haut. Tout ce qui affiche votre maîtrise du tableau entier est bénéfique à votre avancement et vous donne une longueur d'avance. Mais cela n'a pas forcément de rapport avec la qualité actuelle de votre fragment de travail. C'est encore une fois de communication qu'il s'agit.

Nous avons cité la publicité, et nous savons que, dans ce domaine, la réelle qualité du produit n'a pas vraiment d'importance. Ce qui est vital, c'est l'image qu'elle véhicule, la portée symbolique de la marque. Que la denrée ait en réalité bon ou mauvais goût importe peu. Ce qui satisfait le consommateur n'est pas réellement la sensation gustative, par exemple, de la cuillère de yaourt portée à la bouche, mais la valeur identitaire que lui procure son acte de consommation, et la démarche qu'il a suivie pour vivre, exister, éventuellement prendre soin de lui en consommant des produits favorables à son organisme, ou assimilés à un acte de plaisir ou de revendication, de position sociale. En ce sens, il n'y a rien qui distingue l'acte de consommer et le travail en entreprise. N'essayez pas de faire de vous un produit qui a bon goût, vous perdez votre temps. Construisez-vous en produit attractif, rassurant, désirable, nécessaire, un produit à haute valeur symbolique. Adoptez les règles de marketing : considérez-vous comme une marque, et défendez-vous, vendez-vous comme tel. Organisez une communication cohérente et consistante, et soyez persévérant. La victoire se gagne par la ténacité. Ne le faites bien entendu pas de façon trop ostensible. Ne paradez pas. Vous prenez le risque, si votre désir devient visible, d'altérer la puissance de votre action. Dans l'idéal, vos interlocuteurs feront l'amalgame entre vous, produit promotionnel, et votre caractère, votre nature. Tout en sachant pertinemment que tout se communique, l'être humain conserve un fantasme de qualité originelle, de morale pure, d'intouché de l'être. Grâce à cette forme de naïveté fondamentale, tout peut être mis en œuvre pour la promotion ou la valorisation, à la seule condition que ce but reste informulé. Ne craignez donc pas forcément l'excès, évitez simplement l'aveu. L'excès sera assimilé par votre interlocuteur, dans un mouvement de réduction de dissonance cognitive, et pourra même jouer en votre faveur. Par contre, ne révélez jamais votre intention réelle. Au fond, tout le monde sait ce que vous faites, ou du moins tout le monde s'en doute. Mais l'incertitude, qui persiste simplement faute d'aveu, suffit à soigner la conscience, à maintenir cette hypocrisie nécessaire au mythe de la pureté, d'une forme de moralité soporifique dans laquelle un étrange conformisme nous retient. Vous démontrez à la fois que vous savez jouer le jeu, et c'est une qualité à laquelle l'entreprise est attentive, mais aussi vous conservez cette charge de mystère et de force, vous cultivez quelque chose d'intouchable, de surhumain. L'erreur, trop facile, serait de clarifier, d'avouer. Cela briserait en un instant toute la construction fragile sur laquelle tient le système. C'est comme marcher sur du marbre. Le marbre est une pierre très belle, très noble qui confère une patine d'immortalité. Mais chacun des pas que nous posons sur sa surface doit être maîtrisé, délicatement préparé. Il est dangereux de s'y laisser aller, trop facile d'y glisser et de provoquer une blessure peut-être grave. Le monde est fait de vérités qui se savent, qui se devinent, mais qui ne s'avouent jamais.

Jamais un politique ne confessera son hypocrisie. S'il lui venait la folie de le faire, il serait balayé par un élan de rejet, de haine. Ses militants se sentiraient bafoués, rejetés, trahis. Ce serait le comble de l'irrespect, et une forme particulièrement stupide de suicide.

En résumé, pour régner, tout ce qui importe est de paraître. D'aucuns essaieront de vous convaincre qu'on ne réussit durablement que par la vertu et la vérité. Ceux-là, de toute évidence ne règnent pas, et pèchent par angélisme. Ceux qui prônent une élévation par le mérite réel manifestent toujours une pensée utopique. Mais, le paraître étant tout, défendez vous aussi la chimère du mérite, car elle satisfait et rassure votre auditoire.

COURTISEZ

Vous vendre ne signifie pas seulement afficher vos qualités. Vous devez également provoquer une sympathie et une confiance suffisantes de la part de vos supérieurs, pour qu'ils considèrent la possibilité, ou qu'ils ressentent le désir, de vous promouvoir. Sur ce point, vous pouvez apprendre beaucoup de l'activité des courtisans. Étymologiquement, ce terme désigne des personnes qui résident à la cour des souverains. L'objectif du courtisan est de plaire, de flatter, d'obtenir les faveurs du monarque en attirant par tous les moyens sa sympathie. Votre recherche est identique, avec cette nuance que la possibilité de prendre la place du souverain vous est techniquement ouverte.

Prenez conseil chez La Boétie, qui détaille cette activité : « Il ne faut pas seulement qu'ils fassent ce qu'il ordonne, mais aussi qu'ils pensent ce qu'il veut, et souvent même, pour le satisfaire, qu'ils préviennent aussi ses propres désirs. Ce n'est pas tout de lui obéir, il faut lui complaire, il faut qu'ils se rompent, se tourmentent, se tuent à traiter ses affaires et puisqu'ils ne se plaisent que de son plaisir, qu'ils sacrifient leur goût au sien, forcent leur tempérament et le dépouillent de leur naturel. Il faut qu'ils soient continuellement attentifs à ses paroles, à sa voix, à ses regards, à ses moindres gestes : que leurs yeux, leurs pieds, leurs mains soient continuellement occupés à suivre ou imiter tous ses mouvements, épier et deviner ses volontés et découvrir ses plus secrètes pensées. »

Qu'importe les moyens que vous mettez en place pour vous élever. La réussite établira son propre jugement. Ainsi que l'écrit

Baltasar Graciàn : « Quelques-uns regardent de plus près à la direction qu'à l'événement ; et néanmoins la direction n'est pas une assez bonne caution pour garantir du déshonneur qui suit un succès malheureux. Le vainqueur n'a point de compte à rendre. Il y a peu de gens capables d'examiner les raisons et les circonstances, mais chacun juge par l'événement. C'est pourquoi l'on ne perd jamais sa réputation, quand on réussit. Une heureuse fin couronne tout, quoiqu'on se soit servi de faux moyens pour y arriver ; car c'est un art que d'aller contre l'art, quand on ne peut pas autrement parvenir à ce qu'on prétend. » La finalité est le seul juge. La noblesse porte en elle-même l'absolution, l'oubli de tous les moyens dépensés pour l'atteindre. L'évolution sociale est un puissant amnésique.

Pour continuer à collecter les conseils provenant de gens de bonne compagnie, écoutons Quintus Cicéron, frère de Marcus Tullius : « Ensuite, mets-toi bien dans l'esprit qu'il va te falloir faire semblant d'accomplir avec naturel des choses qui ne sont pas dans ta nature. Certes, tu n'es pas dépourvu de cette courtoisie qui sied à l'homme de bien, à l'homme sociable, mais il te faudra y ajouter le sens de la flatterie, vice ignoble en toute autre circonstance mais qui, dans une campagne, devient qualité indispensable. D'ailleurs, si elle est blâmable quand, à force d'approbation excessive, elle gâte quelqu'un, la flatterie est beaucoup moins critiquable quand elle renforce l'amitié et, de toute façon, elle est obligatoire pour un candidat dont le front, le visage et les discours doivent changer et s'adapter, selon ses idées et ses sentiments, à l'interlocuteur du moment [1]. »

PRENEZ LA PLACE DE VOTRE SUPÉRIEUR

Gravir les échelons hiérarchiques signifie bien souvent remplacer des personnes à des postes existants. Lorsque votre prédécesseur vous cède la place en profitant lui-même d'une promotion, tout est facile. Mais ce n'est pas toujours le cas. Parfois, vous devez la conquérir.

Cela se joue en plusieurs temps. Lorsque vous êtes encore son subordonné, mesurez vos marges de manœuvre. Une attaque frontale ne sera jamais une solution, à moins d'avoir le solide soutien de personnes plus élevées dans la hiérarchie, configura-

1. Quintus Cicéron, *Petit Manuel de campagne électorale*, Arléa, Paris, 1996, p. 42.

tion très rare. Même dans ce cas, la prudence est de rigueur. La plupart du temps, vous n'avez d'autre choix que de vous montrer solidaire et discipliné. Adaptez-vous au style de votre manager, ne vous mettez pas en danger et ne vous faites pas reconnaître comme une menace, vous y joueriez votre place et votre crédibilité. Même si votre supérieur n'a pas la latitude de se débarrasser de vous, il est certainement au moins en position de vous créer des ennuis.

Vous devez mettre en place deux types de relations bien distincts : avec vos supérieurs influents – ceux qui ont la capacité de vous promouvoir –, appliquez les principes du courtisan. Soumettez-vous. Ne vous embarrassez pas de fierté personnelle. Ne lésinez pas sur les signes d'admiration, cherchez leur amitié, leur respect. Côtoyez-les autant que possible. Ne vous cantonnez pas au lieu de travail. Insérez-vous dans leur intimité. Par exemple invitez-les à dîner ou en week-end, mettez votre épous(e) à contribution. Prévoyez des occasions de détente où vous pourrez, une fois leur garde baissée, faire passer vos idées ou les convaincre de vos qualités. À cet effet, le barbecue est d'une grande efficacité. Au bureau, complimentez-les sans faillir sur la richesse de leurs idées, l'opportunité de leurs initiatives, la hauteur de leur vision.

Par contre, avec vos concurrents, rien de tout cela. Soyez irréprochable, mais sans aucune familiarité. Ne critiquez pas ouvertement leur travail, gagnez de l'altitude, englobez ce que disent vos adversaires. Montrez que vous les encouragez tout en faisant passer l'idée que vous êtes capable de faire mieux, que vous comprenez les tenants et aboutissants de leurs réalisations aussi bien qu'eux, mais que vous maîtrisez la globalité. Votre perspective doit être la plus large possible. Tout cela bien sûr en feignant l'humilité. Mazarin est ici encore de bon conseil : « Affecte un air modeste, candide, affable, feins une perpétuelle équanimité. Complimente, remercie, montre-toi disponible, même à l'égard de ceux qui n'ont rien fait pour le mériter [1]. »

Vos concurrents tiennent à leur poste avec la même ardeur que vous mettez à le leur ravir. Ils sont donc en permanence sur la défensive. Un bon angle d'approche – c'est une hypothèse de travail utile – est d'agir avec eux comme avec des paranoïaques.

1. Jules Mazarin, *Bréviaire des politiciens*, Arléa, Paris, 2007, p. 42.

TRAITER SES CONCURRENTS COMME DES PARANOÏAQUES

François Lelord et Christophe André, dans leur livre *Comment gérer les personnalités difficiles*, nous donnent des pistes pour les aborder dans ce sens [1]. Voici les plus utiles :

→ Communiquez de la façon la moins équivoque possible, afin de ne pas laisser prise aux soupçons ;
→ respectez scrupuleusement les formes. Soyez toujours poli sans être obséquieux ;
→ maintenez un contact régulier. Un évitement répété provoquera de l'hostilité ;
→ laissez des petites victoires bien choisies ;
→ cherchez des alliances ailleurs ;
→ ne vous mettez pas en faute.

Répétons-nous : votre obséquiosité doit être exclusivement réservée aux supérieurs qui peuvent vous faire grimper dans la hiérarchie. N'en utilisez jamais, absolument jamais avec un supérieur concurrent.

Tout votre travail devra être orienté vers l'affirmation de votre propre qualité, et la mise en évidence, auprès de vos supérieurs influents, des failles de vos supérieurs concurrents. Cherchez le plus d'informations possible, traquez leurs échecs, leurs secrets. Si vous en découvrez, ne vous précipitez pas, attendez le bon moment. Si l'information peut être révélée au grand jour par d'autres sources que vous, c'est encore mieux.

Communiquez toujours indirectement, par sous-entendus, montrez-vous toujours officiellement solidaire. Souvent, il vous sera demandé de collaborer fidèlement avec vos concurrents. Vous ne pouvez vous permettre de rechigner. En façade, vous devez rester un modèle d'ouverture et de collaboration. Ne vous permettez jamais un seul faux pas. Même si votre hiérarchie soupçonne votre arrivisme, ils ne pourront vous le reprocher que si vous leur en donnez l'opportunité. Les gens détestent s'apercevoir des doubles jeux. Soyez toujours de bonne constitution, toujours motivé, dites toujours oui, ayez toujours un discours de communicateur. Toute votre habileté doit être mise au service

1. François Lelord et Christophe André, *Comment gérer les personnalités difficiles*, Odile Jacob, Paris, 2000.

d'un objectif : vous afficher d'une façon, et agir tout à l'inverse. Ne divulguez les informations importantes et stratégiques qu'avec parcimonie, et toujours en dissimulant des détails indispensables à l'ensemble, profitez de tout ce qui peut mettre vos adversaires en difficulté. Quand le succès d'un projet est douteux, tâchez de vous glisser en arrière-plan. Défilez-vous des responsabilités difficiles et des places exposées. Si un projet géré par votre concurrent est en bonne voie, faites en sorte de le compromettre, tout en conservant la plus extrême prudence pour qu'on ne puisse vous soupçonner, et placez tous les indices permettant d'en attribuer la responsabilité à votre supérieur. Cette stratégie est magistralement résumée par Mazarin : « Passons au cas où un ambitieux briguerait tes fonctions, tout en étant incapable de les remplir. Par exemple, admettons que tu sois général d'une armée en campagne – poste qui toujours suscite des jalousies. Tu commenceras par exacerber la combativité de l'armée ennemie par diverses manœuvres, puis tu mettras la tienne dans une position difficile, tout en veillant à ce que le quartier général reste bien approvisionné en munitions. Ensuite tu prétexteras que tu es appelé sur un autre théâtre d'opérations et tu demanderas à l'envieux de te remplacer, mais sans lui donner d'informations sur la situation des forces en présence, la géographie du terrain, la position et la puissance de l'ennemi. Il ira droit à la catastrophe et tu pourras alors venir à sa rescousse, mais sans trop te presser : tu dois attendre qu'il ait d'abord reconnu de lui-même tes qualités supérieures en même temps que sa propre incompétence [1]. »

En conclusion, tout en maintenant avec vos concurrents les meilleures relations de façade, liez toutes les alliances possibles avec les personnes qui peuvent soit vous favoriser, soit vous permettre de découvrir, de provoquer ou de mettre au jour les failles de vos adversaires.

En suivant ces conseils, vous développerez votre habilité politique, et vous pourrez ainsi prendre la place qui vous est due. Lorsque cela sera fait, il vous incombera, tout comme il incombait à vos anciens concurrents, de la conserver.

1. Jules Mazarin, *Bréviaire des politiciens*, *op. cit.*, p. 115.

2
ÊTRE MANAGER

> « Montre-toi l'ami de tout le monde, bavarde avec tout le monde, y compris avec ceux que tu hais, ils t'apprendront la circonspection. De toute façon, cache tes colères, un seul accès nuira plus à ta renommée que toutes les vertus ne pourront l'embellir. Préfère les entreprises faciles pour être plus facilement obéi et quand tu as à choisir entre les deux voies d'action, préfère la facilité à la grandeur avec tous les ennuis qu'elle comporte. »
>
> Jules Mazarin, *Bréviaire des politiciens* [1].

Vous voilà manager. Vous avez un nouveau statut, mais vous avez également augmenté votre visibilité. Vous occupez une position qui vous représente symboliquement, vous et l'entreprise, vous devez donc vous conformer à cette identification. Vous assumez une identité plus large, c'est à la fois plus de risques et plus de responsabilités.

Nous avons vu comment se construit l'adaptation à l'entreprise, comment se bâtissent les rôles des différents acteurs. Votre succès se dessinera dans votre capacité à assurer et à amplifier les caractéristiques et la qualité de votre rôle de manager. Votre connaissance de sa nature vous permettra de ne pas en être la victime. Même si vous vous révélez naturellement très proche de ce rôle et qu'il prend beaucoup d'importance, vous l'aurez choisi. Il y a des identités plus gratifiantes que d'autres, et certainement celle-ci mérite qu'on s'y abandonne. Il y a une dimension faustienne du manager, qui n'est pas forcément un

1. *Ibid.*, p. 133.

piège à éviter. Plus qu'un rôle, c'est une voie, un choix de vie dans lequel vous pouvez vous investir comme une vocation, qui peut donner du sens à votre existence, et un statut qui vous garantira le respect.

L'entreprise se présente avec une exigence de rationalité, soyez-en le messager fidèle. Ce besoin de rationalité étant pour ainsi dire inscrit dans la culture de l'entreprise, il profite de mécanismes de défense de groupe que nous allons aborder dans la section suivante. En tant que membre influent actuel ou en devenir de ce groupe, que ce soit effectivement ou symboliquement, vous devez correspondre à ce qui en fait l'identité. Pour autant que vous prenez soin de vous présenter, et de communiquer soigneusement dans ce sens, la qualité de rationalité vous sera pour ainsi dire acquise, comme consubstantielle, par englobement, par projection. Il sera plus difficile (difficile parce que dans une certaine mesure inconcevable : une pensée trop troublante, déstabilisante, révolutionnaire, ce que le psychisme fuit par nature) de voir en vous autre chose que de la gestion, de l'attachement à la bonne marche de l'entreprise, dans vos attitudes et décisions, si tant est que vous mainteniez ce vernis sans faillir. Ainsi, sans que vous n'ayez rien à communiquer préalablement – simplement en laissant jouer le phénomène d'amalgame, la dynamique de groupe –, vous aurez déjà permis d'établir le socle de votre identification à la société.

Mais ne croyez pas pour autant que vos parfaites inscription et reconnaissance comme membre pivot de cette communauté puissent se faire uniquement à l'aide d'un vernis de rationalité. L'entreprise ne se construit pas seulement dans son articulation productive. En tant que groupe humain, elle intègre et fédère en répondant aux besoins idéologiques de l'homme et du groupe, ce qu'on appelle la culture d'entreprise. Pour se construire et se maintenir en tant qu'unité, elle cherche l'adhésion de ses membres à sa culture, leur assimilation à son identité et à son idéologie. Cet élément est nécessaire pour construire la force d'équipe permettant à l'entreprise de vaincre. Elle demande une motivation, un esprit de corps, l'acceptation et le partage de valeurs communes.

Vous devez vous efforcer de coller aussi complètement à cette culture que vous le pouvez, afin de démontrer non seulement votre intégration, mais votre capacité à juger celle des autres membres, à pouvoir faire office d'instance décisionnelle, pour déterminer dans quelle mesure, à quel degré un membre est assimilé. En étant crédible dans cette fonction, votre jugement sera implicitement reconnu, avec une force presque performative, pour affirmer – donc créer – l'appartenance ou la différence, pour sanctifier ou excommunier. Il ne s'agit pas ici bien sûr d'une autorité nécessairement réelle, hiérarchiquement accordée, mais symbolique, établie chez les membres de la communauté, implicitement par le degré de représentativité que vous aurez atteint, en incarnant ses valeurs, ses objectifs, sa culture, ses processus et ses comportements. Elle se construit par des effets d'annonce et par l'identification affirmée et démontrée à l'entreprise, en quelque sorte votre absorption vécue, puis redonnée aux autres comme vecteur parfait de celle-ci, porte-parole assimilé du collectif, comme un prêtre représente la parole de l'Église, au-delà de la sienne propre qui tend à s'effacer, à perdre toute propriété idiosyncrasique.

Votre parole doit être présentée comme celle du groupe. Faites en sorte que l'on comprenne implicitement, par présupposé, que vous n'êtes qu'un canal. Dans cette voie, votre tâche est double, d'abord vous représenter comme le membre le plus assimilé de l'entreprise, celui qui en incarne et personnifie le plus les valeurs et les fonctionnements, de façon à vous rendre, par amalgame, pratiquement indissociable de l'entreprise, et ensuite à vous permettre d'en incarner le membre le plus désirable. Nous verrons plus loin en quoi cela est important.

EST-CE DU MENSONGE ?

Comprenez que ce que communique l'entreprise n'est en rien une vérité au sens où nous l'entendons, c'est-à-dire correspondant à des faits objectifs. Le rapport qu'entretient une entreprise à la réalité ne peut se concevoir en dehors de son exigence de communication, comme toute analyse humaine ou sociale est subjective. Aucun discours politique, aucune autobiographie ne peuvent être perçus comme représentant la réalité concrète, et l'entreprise est une construction humaine et sociale. Bien sûr, on pourrait attendre de l'entreprise une certaine forme d'objectivité, parce qu'elle produit des chiffres, une comptabilité sans équivoque, mais, dans ce domaine, il serait dangereux de s'illusionner.

Évoquons, par exemple, des faits concrets concernant la société Enron, dont on rappellera ensuite le destin : septième société américaine, selon le classement du magazine *Fortune* qui, durant six ans, lui décerna le titre de l'entreprise la plus innovante des États-Unis, Enron avait remporté six récompenses pour son respect de l'environnement, elle avait été élue entreprise la plus admirée de l'an 2000, reconnue dans les écoles de business comme un modèle d'excellence. De 1997 à 2001, sa valeur en Bourse avait augmenté de 50 milliards de dollars. En 2000, elle réalisait un chiffre d'affaires de plus de 100 milliards de dollars (plus de 112,5 milliards d'euros) et un bénéfice de 979 millions. Résultat, pour mémoire : en novembre 2001, Enron admet qu'elle a surévalué de 600 millions de dollars ses bénéfices depuis cinq ans. Elle se déclare en faillite en décembre. Arthur Andersen, l'une des cinq plus grandes sociétés d'audit disparaît purement et simplement à la suite du scandale. Au regard de cet exemple, on peut donc se demander en quoi les chiffres d'une entreprise représentent une réalité.

Sur un autre plan, les éléments qui forment en quelque sorte l'âme de l'entreprise, ce qu'on appelle la culture et la vision, n'ont rien de concret, ce sont bien sûr des constructions de la pensée. Ils permettent de présenter le yaourt comme un médicament, la publicité comme une forme artistique innovante, la banque comme un accompagnateur de vie, les sociétés pétrolières comme des entreprises vertes...

Ne soyez donc pas vous-même dupe de ce que l'entreprise vous communique. Le propos de cet ouvrage est de vous libérer des illusions, et de vous permettre, par une meilleure connaissance des règles du jeu, de vous en servir à votre avantage. Le but de votre position est de conquérir et de conserver le pouvoir, c'est la seule valeur importante qui vous permettra de vous émanciper, de vous réaliser.

Ce pouvoir est-il acquis et maintenu à l'aide, disons le mot, de mensonges ? En lisant ce qui précède, on pourrait le croire. Mais, bien entendu, le mensonge n'existe qu'en relation à une réalité objective. Mais il n'existe pas de vérité dans le monde de l'entreprise. Comme le dit Jean-Marie Dru, publicitaire parlant de ses clients : « [Nos campagnes] ont été imaginées pour des entreprises qui refusent l'ordre établi et comprennent que l'immobilisme est mortel. Pour réussir, ou simplement survivre, elles savent qu'elles ne peuvent se reposer sur leurs succès passés, ni caresser l'illusion que l'avenir n'est qu'une simple extension du présent [1]. » Parce que l'immobilisme est mortel aux entreprises, parce l'innovation continue est nécessaire, l'entreprise crée elle-même sa réalité. C'est la version collective du pari de Pascal, c'est ce que professent pour l'individu les auteurs du champ de la pensée positive, comme Émile Coué ou Norman Vincent Peale, et ce qu'affirme Jésus dans l'évangile de Marc : « Je vous dis en vérité que quiconque dira à cette montagne : Ôte-toi de là, et te jette dans la mer, et cela sans hésiter dans son cœur, mais croyant fermement que tout ce qu'il aura dit arrivera, il le verra en effet arriver [2]. »

Ne vous inquiétez donc pas de transmettre un mensonge à vos subordonnés : vous les aidez, et vous aidez l'entreprise par la même occasion, à créer la réalité de demain.

LE DISCOURS DU MANAGER

Comme manager, vous devez adapter votre parole. Vos opinions personnelles ne doivent pas interférer avec les objectifs de l'entreprise, ni votre façon de vous exprimer avec sa culture. À l'intérieur comme à l'extérieur du cadre professionnel, mesurez vos propos, maîtrisez votre image. Tâchez de ne pas choquer, ne dépassez pas la bienséance. Gommez les aspects dérangeants de votre langage et restez calé sur une moyenne, une zone de sécurité, un mode d'expression neutre. La neutralité ne s'applique bien entendu pas au ton de la conversation, qui, lui, doit être adapté à l'image de dynamisme dont toute entreprise a besoin, mais bien plus au choix des thèmes et du vocabulaire. Habitez votre professionnalisme. L'entreprise étant une structure rationnelle, dont la force est transmise par des concepts, de l'informa-

1. Jean-Marie Dru, *La Publicité autrement*, Gallimard, Paris, 2007, p. 232.

2. La Bible, traduction de Lemaître de Sacy, Robert Laffont, Paris, 1990, p. 1325.

tion et des productions de l'esprit, vous devez pouvoir afficher votre maîtrise de ces abstractions. Il est très profitable de vous plonger dans les théories du management et de la gestion de projet, que vous ne devez d'ailleurs plus nommer ainsi. Manipulez les modèles les plus modernes, les maîtrises d'œuvre et maîtrises d'ouvrage (M.O.E., M.O.A.), et toute la terminologie adaptée. Sans entrer dans les détails et pour simplement proposer des exemples, placez autant que possible dans votre conversation l'adjectif « fonctionnel » afin de faire passer l'idée que vous maîtrisez et pratiquez le classement des activités en étages : fonctionnelles, techniques... De même, ne vous privez jamais de suivre les tendances du vocabulaire d'entreprise. En soulignant par exemple qu'une conception doit être modulaire, vous affirmerez vos talents de concepteur avisé. N'hésitez pas à répéter l'importance d'une vision globale, surtout lorsque vous êtes mis en difficulté sur des problèmes précis. Sachez ainsi vous défendre en élargissant le champ.

Dans tous les cas, il est important de garder à l'esprit que vous devez éviter d'être trahi par votre parole, dans le présent et dans le futur. Cela implique quelques règles simples :

Ne soyez pas précis, n'affirmez rien de concret et de vérifiable, à plus forte raison si vous évoluez dans un milieu technique que vous ne comprenez pas. Vous devez meubler, rester flou et conceptuel afin d'éviter les erreurs et de ne laisser aucune prise à la critique. Plus vous serez abstrait et éloigné du tangible, mieux cela vaudra. Développez donc un art de l'approximation, nous verrons quelques conseils pratiques à ce sujet.

Tablez sur la tendance qu'ont vos interlocuteurs à remplir les vides pour y placer leur propre sens. Cela vous permettra également de conserver le contrôle dans le futur. Si la situation change et que les actions qui découlent de ce sens se révèlent malheureuses, vous aurez toujours la possibilité de vous retourner pour condamner l'interprétation et affirmer que ce n'est pas ce que vous vouliez dire.

Un outil de choix pour l'apprentissage de la parole floue est l'hypnose ericksonienne. Milton Erickson, un grand psychiatre américain, a développé une nouvelle façon de faire de l'hypnose, fondée sur une communication subtile avec l'inconscient, appelée selon les cas hypnose non directive ou hypnose conversationnelle. Un des principes de cette méthode d'induction est l'utilisation d'un discours au contenu délibérément vague, permettant à l'inconscient d'y placer son propre contenu. Nous allons en lister quelques principes que vous pouvez utiliser dans une situation de communication pour maintenir le degré de contrôle et d'imprécision souhaité :

– **La lecture de pensée** : attribuez à l'interlocuteur des pensées, des projets ou des intentions, de préférence à connotation positive. Par exemple : « Je sais que vous êtes préoccupé par la qualité de la production. » L'objectif n'est pas forcément de convaincre votre interlocuteur, car il sait souvent assez bien ce qu'il pense (quoique cela puisse faire l'objet de surprises), mais bien de le mettre dans une situation qui ressemble à une injonction paradoxale [1], où il sera contraint à se positionner de votre côté, qu'il le souhaite ou non. Même si votre interlocuteur ne se préoccupe pas de la qualité de la production, il ne peut l'admettre ouvertement. Il se retrouvera donc en situation de faiblesse. Vous pouvez accentuer cette pression en modifiant légèrement la formulation de façon à produire une question fermée, c'est-à-dire à laquelle on ne peut répondre que par oui ou non. Par exemple : « Je sais bien que vous êtes préoccupé par la qualité de la production, n'est-ce pas ? » Le caractère légèrement agrammatical de l'énoncé aide en plus à générer de la confusion chez votre interlocuteur, ce qui est excellent.

L'objectif, vous l'avez compris, est de mettre l'interlocuteur dans une position difficile, qui le pousse à se livrer, tout en restant soi-même hors d'atteinte. La pratique étant de plus sensiblement malhonnête, au moins intellectuellement, votre interlocuteur va finir par s'en apercevoir, et cela générera en lui des réactions de stress. Il se sentira déséquilibré, décentré – un peu comme dans un combat de judo –, ce qui pourra le pousser à perdre son sang-froid et à commettre des erreurs, par exemple en vous attaquant brutalement. Bien que désagréable, c'est excellent pour vous. Gardez votre calme, restez ouvert au dialogue. Marquez le contraste avec votre interlocuteur qui ne sait pas se maîtriser et se ferme sur ses positions. Dans l'idéal, il en arrivera aux attaques personnelles, que vous accueillerez évidemment de haut, avec la magnanimité, la surprise qui sied. Même si un observateur peut vous soupçonner d'être sournoisement à l'ori-

1. Nous aborderons ce concept plus loin.

gine du conflit, votre moyen aura été si dissimulé que l'impression qui en ressortira, plus forte que les autres, sera cristallisée dans la violence de votre interlocuteur. Ces soupçons seront balayés par l'évidence de sa réaction agressive, parce qu'il est inenvisageable de privilégier l'affectif à la rationalité.

– **La nominalisation** : il s'agit de concentrer en un substantif l'expression d'une notion ou d'un concept. En l'espèce, la nominalisation fige et réduit toute une série d'idées ou de processus complexes en un seul mot dans une importante cristallisation, qui en réduit la complexité et opère un effet d'abstraction. Cette simplification permet à la nominalisation de constituer un moule idéal pour l'imaginaire de l'autre. Son grand avantage est de donner à vos interlocuteurs un os à ronger. L'os est peut-être vieux et sec, et sa moelle peut avoir été sucée et il y a bien longtemps, ils ont peu de chances de s'en apercevoir. D'autant plus que la nominalisation se pare des atours de l'intelligence, de la force d'abstraction dont nous avons déjà évoqué les effets de brillance. Pour cette raison, il y a de fortes chances que vos interlocuteurs se jettent dessus, qu'ils investissent leur imaginaire et vous accompagnent de leur plein gré dans le tour de manège sans vie dont vous avez habilement vendu le billet.

Les exemples abondent, notamment dans la communication politique, où la nominalisation est largement utilisée pour donner l'illusion de la création de sens : crise, choc des civilisations, dérives identitaires, insécurité, développement durable...

– **La causalité** : c'est un lien de cause à effet entre un élément et ses conséquences, que vous énoncerez avec une attitude mesurée. Il s'agit ici de vous appuyer sur des raisonnements aux apparences sérieuses, et dont vous aurez construit la cohérence de surface à l'aide de procédés de déviation intellectuelle comme la distorsion, l'omission ou la généralisation. Il est bon de vous entraîner à produire un raisonnement structuré qui présente toutes les apparences du véridique et du rationnel, en vous aidant d'une rhétorique classique. Exercez-vous, comme les sophistes grecs de l'Antiquité, à démontrer et à prouver n'importe quoi, quelle que soit votre opinion. Que le raisonnement soit juste est accessoire, bien entendu. Il faut convaincre, en articulant une réflexion cohérente et liée par des relations de dépendance. Comme premier exercice, aidez-vous d'un journal : prenez deux analyses, deux opinions, ou une information et une opinion, et faites l'effort de parcourir le chemin argumentatif entre les deux, en jouant sur les distances : le chemin le plus court possible, ou en suivant un trajet plus tortueux – qui a l'avantage de perdre l'esprit critique de votre interlocuteur en route. Essayez de joindre aussi directement que possible les deux idées, en vous basant sur des mots de liaison (et, donc, par conséquent, ainsi), ou des effets de parallélisme (pendant que, après que), qui peuvent exprimer plus subtilement, plus indirectement, des effets de causalité.

En statistiques, on fait nettement la différence entre corrélation et causalité. La corrélation est une donnée observable : on peut démontrer par des données statistiques que deux variables évoluent en même temps, de façon parallèle. Par contre la causalité est une interprétation de ces données, une conclusion tirée par l'observateur. En se saisissant trop rapidement d'une corrélation pour en déduire une relation causale, on oublie souvent l'existence d'autres variables, et on commet de graves erreurs de raisonnement. Un exemple souvent cité est celui de la corrélation entre la vente de lunettes de soleil et les coups de soleil sur les plages : ce n'est pas parce que quelqu'un porte des lunettes de soleil qu'il se trouve brûlé, mais la corrélation entre les deux objets, elle, est claire.

Vous verrez ainsi rapidement qu'on peut tout lier, et que même l'absence totale de corrélation n'empêche pas la perception d'une causalité. L'esprit humain a tendance à lier deux informations qu'on lui présente en séquence. Il suffit d'habiller un tout petit peu, de faire comme si de rien n'était, et l'opération est réussie, comme une adhérence naturelle entre deux objets pourtant très différents. À ce titre, la communication politique est exemplaire. Citons un extrait du premier entretien du président Nicolas Sarkozy à l'antenne de TF1, le 20 juin 2007. À la question de Patrick Poivre d'Arvor sur la franchise médicale, dont la mise en place faisait partie des propositions de campagne du candidat, M. Sarkozy répond ceci : « Alors, sur la franchise... quel est le problème aujourd'hui ? Le cancer brise des familles. Ce crabe, là, qui vous dévore de l'intérieur, brise des familles. Il faut plus d'argent pour la recherche. Alzheimer, ça touchera toutes les familles de France. Alzheimer, c'est cette maladie épouvantable qui fait que quelqu'un sort de lui-même, il reconnaît plus les autres. Il faut chercher, parce qu'on ne connaît pas cette maladie, on n'a rien pour la soigner.

« Les soins palliatifs : j'étais l'autre jour près de Dunkerque dans un centre de soins palliatifs. C'est admirable les gens qui travaillent là-bas ! Ils accompagnent les malades incurables vers la mort, dans la dignité, dans l'affection et dans le respect. Savez-vous que nous avons moitié moins de lits de soins palliatifs que les Anglais ? Eh bien, moi, j'estime qu'un pays qui est pas capable de dire à toutes les familles de France que quand l'un des siens est touché et qu'il peut pas s'en sortir, y a pas un lieu qui puisse l'accueillir. Je me souviens de ce jeune homme de trente-deux ans, sa femme, même âge, huit mois pour mourir. Il m'a dit : j'ai dû attendre pour avoir une place. Je veux créer des lits de soins palliatifs. [...] Ceux qui diront aux Français il ne faut pas de l'argent en plus, ceux-là ils iront expliquer aux Français qu'on cherche pas sur Alzheimer, qu'y a pas besoin de lits de soins palliatifs et que dans les hôpitaux y a pas besoin d'argent. Donc, la franchise, je suis pour son principe [1]... »

Notez le « donc ». Pensez-vous que l'argent de la franchise va aller directement dans les caisses de la recherche contre Alzheimer ? Va-t-elle même aller dans une caisse quelconque, puisque son objectif est de diminuer le déficit de la Sécurité sociale ? Le financement de la recherche, ou même des hôpitaux, est-il le même que celui de la Caisse nationale d'assurance maladie ? Qu'importe la réponse, on est dans le même sujet, c'est de l'argent, c'est la santé. À sa décharge, Nicolas Sarkozy précise plus loin qu'il s'engage à utiliser l'argent économisé pour financer la recherche. Mais est-ce économiquement nécessaire de rester dans le domaine de la santé ? L'économie ne peut-elle venir d'un autre ministère ? Que nous importe-t-il de savoir qu'un homme a trente-deux ans, qu'un crabe brise des familles ? La franchise, n'est-ce pas ce qui va intéresser le citoyen lambda quand il va voir son médecin pour un check-up ? N'avez-vous pas honte, maintenant, d'avoir la grippe, ou mal au dos ? Ce qui importe n'est pas de penser juste, de lier les choses correctement entre elles. Ce qui importe, c'est de faire effet.

1. Journal de 20 heures de TF1, 20 juin 2007, interview de Nicolas Sarkozy à l'Élysée, par Patrick Poivre d'Arvor et Claire Chazal.

– **La présupposition** : formez votre phrase de façon à ce que, pour être vraie, une autre information, non explicitement formulée doive être vraie également. Vous faites en quelque sorte une affirmation cachée, que l'expression indirecte permet au psychisme d'accepter telle quelle. Exemple : « Ils ont encore amélioré la qualité de leur service. » Cela implique que leur service était déjà de bonne qualité.

– Une autre forme de présupposition est **l'utilisation du faux choix** : en présentant une alternative, vous donnerez l'illusion du choix, alors que vous aurez bien entendu pris soin de faire deux propositions qui vont dans votre sens et qui ne présentent aucune réelle différence. Pour ce faire, vous pouvez jouer sur des choix de temps, de lieu, de circonstances, tous illusoires. Affirmez simplement dans votre discours l'existence évidente du choix : « Je vous laisse la totale liberté de décision sur cet élément. Vous pouvez faire comme bon vous semble, et ça peut être dans une semaine comme dans un mois. Essayez tout de même de ne pas traîner, nous serons dans une bien meilleure position quand cela sera derrière nous. »

La formalisation du faux choix nous vient de Gregory Bateson et de l'école de Palo Alto.

L'ÉCOLE DE PALO ALTO

Ce qu'on appelle l'école de Palo Alto est né des recherches d'un anthropologue d'origine anglaise, Gregory Bateson. Intéressé par l'application des nouvelles théories de la communication, notamment la cybernétique de Norbert Wiener, aux sciences humaines, Bateson poursuivait avec quelques assistants un projet de recherche dans une clinique psychiatrique de Californie. En observant les interactions entre les malades atteints de psychose et leurs familles, ils ont bâti une théorie décrivant des formes de communication paradoxale, et le mécanisme de la double contrainte.

Dans *Une logique de la communication*, des thérapeutes célèbres de l'école de Palo Alto ont défini le paradoxe comme une contradiction provenant d'une déduction correcte de prémisses « consistantes ». Par déduction correcte, ils entendent que la faille ne réside pas dans le raisonnement, qu'il ne résulte pas d'un sophisme. Par contre, le résultat est bien une contradiction interne. D'où provient l'erreur ?

Les auteurs distinguent trois types de paradoxes : les paradoxes logiques, ou mathématiques, qui surgissent dans des systèmes fortement normalisés, les paradoxes sémantiques, qui sont provoqués par des contradictions cachées dans la structure de la pensée et du langage, et les paradoxes pragmatiques, les plus intéressants pour notre cas, qui se produisent dans la communication humaine et que les auteurs séparent en deux catégories : les injonctions paradoxales et les prévisions paradoxales.

– **L'injonction paradoxale** est un ordre impossible à exécuter dans les termes. L'exemple donné dans *Une logique de la communication* est une variation par Hans Reichenbach [1] du célèbre paradoxe du barbier : un capitaine demande à un soldat qui est barbier de raser tous les soldats de la compagnie qui ne se rasent pas eux-mêmes [2]. Dans la formulation présentée, le barbier ne peut logiquement pas exister : d'une part, il ne peut pas se raser lui-même puisqu'il contreviendrait à l'ordre donné, d'autre part, il ne peut se faire raser par un autre, puisqu'il... contreviendrait à l'ordre donné. Ce qui pimente cette variation, au point d'être considérée comme un paradoxe pragmatique, est la relation d'autorité entre le capitaine et le soldat. Le soldat doit obéir à l'ordre mais il ne peut le faire, et il ne peut en même temps désobéir. Il est ainsi bloqué dans une situation intenable, sans issue. N'est pas tant intenable l'illogisme de la proposition, que sa manifestation comme un ordre dans une situation de subordination, et que l'ordre ne peut être ni ignoré ni commenté. Un des moyens que pourrait mettre en œuvre le soldat barbier serait de parler avec son capitaine de la signification de l'ordre (ce que l'on appelle métacommenter). Mais la métacommunication peut être refusée par le supérieur hiérarchique – qui détient le pouvoir du dernier mot – et peut retourner cette tentative contre le subordonné en lui reprochant par exemple son incompétence ou son manque de bonne volonté.

1. Hans Reichenbach, *Elements of Symbolic Logic*, MacMillan, New York, 1947.

2. Paul Watzlawick, Janet Helmick Beavin, et Don D. Jackson, *Une logique de la communication*, Seuil, Paris, 1979, p. 194.

La première étude publiée sur le paradoxe pragmatique est l'article fondateur de l'école de Palo Alto : *Vers une théorie de la schizophrénie*, coécrite par Bateson et ses collaborateurs et parue en revue en 1956. Le propos de cet article était de proposer un modèle, une théorie nouvelle sur la schizophrénie. Jusqu'alors, et bien souvent aujourd'hui encore, la schizophrénie était considérée comme une maladie organique, ou intrapsychique. Sa cause était attribuée à une faiblesse ou une déficience du cerveau ou du mental de l'individu. L'équipe de Bateson a émis l'hypothèse que l'individu développait des symptômes de schizophrénie en réponse à des situations interactionnelles paradoxales. Pour eux, la schizophrénie était donc une solution trouvée au paradoxe, et une forme encore plus forte de paradoxe, doublement bloquante, qu'ils ont appelée la « double contrainte » (*double bind*).

La double contrainte est un paradoxe pragmatique où une injonction est donnée, accompagnée par une injonction sur cette injonction, d'un niveau plus abstrait, et que l'une et l'autre sont contradictoires – autrement dit, il faut y désobéir pour y obéir –, le tout souvent couronné d'une affirmation sur le paradoxe créé, qui empêche encore plus sa victime d'en sortir. La double contrainte est la forme la plus perverse du paradoxe, parce qu'elle implique non seulement une impossibilité de sortie, mais de plus, une opposition entre deux injonctions également importantes pour le psychisme ou la survie du sujet. Elle enferme ainsi solidement sa victime. Quelque chose comme : « Si tu m'aimes, fais ceci. Mais si tu fais ceci, cela veut dire que tu ne m'aimes pas. » Et enfin, en couronnement : « Quoi, tu ne sais pas faire un choix ? »

Dans *La Réalité de la réalité*, Paul Watzlawick donne un exemple de double contrainte tirée du roman Mary Poppins : « Mary Poppins, une nurse anglaise, emmène Jane et Michael dont elle a la garde dans une boutique de pain d'épice tenue par Mrs Corry, une vieille petite femme à l'allure de sorcière, et ses deux grandes filles tristes, Fannie et Annie.

« – Je suppose, ma chère – elle se tourna vers Mary Poppins qu'elle paraissait fort bien connaître –, je suppose que vous venez chercher du pain d'épice ?

« – C'est cela, Mrs Corry, dit poliment Mary Poppins.

« – Très bien. Fannie et Annie vous en ont-elles donné ?

« Ce disant, elle regarda Jane et Michael.

« – Non, mère, dit humblement Miss Fannie.

« – Nous allions le faire, mère..., chuchota craintivement Miss Annie.

« À ces mots, Mrs Corry se dressa autant qu'elle put et de toute sa hauteur couvrit ses deux filles gigantesques d'un regard furieux. Puis elle murmura d'une voix féroce et terrifiante :

« – Vous alliez le faire ? Ah, vraiment ! Voilà qui est très intéressant. Et puis-je vous demander, Annie, qui vous a permis de faire cadeau de mon pain d'épice ?

« – Personne, mère. Et je n'en ai pas fait cadeau. J'ai seulement pensé...

« – Vous avez seulement pensé ! C'est très aimable à vous. Mais je vous saurais gré de ne pas penser. Je suffis à penser ici tout ce qui doit l'être ! murmura Mrs Corry de sa voix terrible. Puis elle explosa d'un éclat de rire strident : “Regardez-la ! Mais regardez-la donc ! Crème de couarde ! Pleurnicharde !”, hurla-t-elle en montrant sa fille de son doigt noueux. Jane et Michael regardèrent et virent une grosse larme s'écouler le long du grand visage triste de Miss Annie. Mais ils n'osèrent rien dire car en dépit de sa petite taille, Mrs Corry les effrayait et leur donnait l'impression d'être plus petits encore.

« En moins d'une minute Mrs Corry a réussi à bloquer chez la pauvre Annie les trois dimensions du fonctionnement humain : l'acte, la pensée et le sentiment. Elle sous-entend tout d'abord que la bonne chose à faire eût été de donner du pain d'épice aux enfants. Lorsque ses filles sont sur le point de s'excuser pour ne point l'avoir encore fait, elle leur dénie soudainement le droit d'entreprendre une telle action. Annie tente de se défendre en faisant remarquer qu'elle n'a pas réellement agi, mais a seulement pensé à le faire. Mrs Corry lui fait bien vite savoir qu'elle n'est pas censée *penser*. La façon dont la mère exprime sa colère ne laisse aucun doute sur l'importance de l'affaire : sa fille ferait aussi bien de regretter sa conduite. Elle réussit ainsi à faire pleurer Annie pour immédiatement ridiculiser ses sentiments [1]. »

Nous avons ici, clairement identifiées, parfaitement séquencées, les trois étapes d'une parfaite double contrainte.

1. Paul Watzlawick, *La Réalité de la réalité*, Seuil, Paris, 1984, p. 25.

Dans le paradoxe ou la double contrainte, une des échappatoires les plus saines est la métacommunication. Si vous souhaitez utiliser ces mécanismes afin d'affermir votre pouvoir sur vos subordonnés, vous devez donc maintenir un cadre qui rendra cette métacommunication impossible, frustrante ou inefficace. L'élément jouant le plus en votre faveur est que, malgré les cinquante ans qui ont passé depuis la formalisation de ce mécanisme, il reste encore très largement méconnu du public et même de beaucoup de praticiens évoluant dans le domaine de la psychologie. Les thèses intrapsychiques sont encore dominantes, et l'aspect communicationnel et systémique des troubles psychiques est peu reconnu, ce qui vous permet en quelque sorte d'agir impunément – ou en tout cas incognito – et de profiter de l'ignorance de vos subordonnés, qui auront peut-être le réflexe de s'attribuer à eux-mêmes la cause de leurs problèmes. Vous les maintiendrez ainsi dans un cadre rigide et maîtrisé.

Toutes les formes de pression sont les bienvenues. Une pression personnelle bien sûr, mais aussi si possible une pression collective, comme les militaires qui font porter à la communauté les erreurs d'un seul. Questionnez la fidélité de l'employé à son entreprise, créez des tensions morales supplémentaires. Si vous parvenez à placer votre interlocuteur dans une position d'obligation morale, il sera bien plus aisément plongé dans un comportement de soumission librement consentie, basée sur le sentiment de culpabilité.

Mais, vous ne pouvez pas maintenir la communication sur le seul mode coercitif. Un manager exerce dans un domaine de dictature allégée. Depuis quelque temps maintenant, les subordonnés sont appelés des collaborateurs. Vous devez prendre en compte ce vernis de respect. Soyez presque toujours positif, calme, politique, moraliste.

– **Parlez « vrai »**. Citons encore Nicolas Sarkozy. Il ponctue régulièrement son message d'**annonces de sincérité**. En voici au hasard quelques-unes tirées des propositions mises en ligne sur son site[1] : « Je le dis franchement », « Voilà pourquoi je veux vous dire la vérité », « Or je veux affirmer », « Pour dire les choses comme elles sont, je ne voudrais pas être vexant à l'égard de qui

1. UMP. *L'Abécédaire des principales propositions de Nicolas Sarkozy*. http://www.u-m-p.org (consulté le 27 juillet 2007).

que ce soit... » Cette répétition donne opportunément au personnage une aura de franchise et de précision, quel que soit le contenu du message, et notamment des liens de causalité entre les sujets abordés. Ne négligez pas d'utiliser ce type d'annonce, d'exprimer vos intentions, et de vous répéter. Leur effet est performatif et hypnotique.

Vous pouvez aussi parsemer votre discours de **prédicats factuels**, qui impliquent la véracité de ce qui est énoncé : « Êtes-vous conscients du fait que... », « J'espère que vous réalisez... », l'idée étant de présenter ce qui est énoncé comme indubitable, ce qui est la clé – comme nous l'avons montré – de l'accord inconscient. C'est toujours l'autre qui exagère, soyez toujours surpris des réactions. Reformulez toujours, calmement, en transformant inlassablement le message à votre avantage.

Il est possible que cela provoque une réaction de révolte, causée par le sentiment de dépossession de liberté. Liberté de penser, d'exprimer son opinion. Elle est ressentie par l'autre comme une réification, qui le prive de la jouissance de ses droits identitaires. Votre interlocuteur se sent ne pas être reconnu, se vit comme victime impuissante d'une manipulation. La réaction est souvent violente. En un sens, il est évacué de la conversation par votre attitude, et ce qu'il perçoit plus ou moins consciemment de l'exercice de votre mauvaise foi le prive de la plupart de ses options de défense. Pas d'inquiétude, cette réaction vous sera également profitable. Usez tranquillement de mauvaise foi, l'arme est efficace. Beaucoup de gens n'ont pas d'options réelles pour s'y opposer, sa structure est mal comprise, surtout de ceux qui sont habités d'un souci de rectitude. Elle diffuse une forte impression d'imperméabilité, de ne pouvoir ni être cernée dans ses mécanismes ni être efficacement contrée par les moyens conventionnels. La mauvaise foi, comme les troubles profonds du psychisme, est impénétrable, nous n'y comprenons rien, notre gêne à son contact est tenace. Sa force réside justement dans sa créativité, son irréductibilité, comme la psychose. On ne peut la maîtriser ou la retenir. Faites preuve de créativité, laissez parler votre folie, et vous verrez que cela vous permettra de franchir les obstacles avec une aisance étonnante.

Car l'homme ne cherche pas la vérité, en tout cas pas en priorité. L'homme cherche une satisfaction affective.

Un exemple nous est donné par Malcolm Gladwell, dans son ouvrage *Blink : The Power of Thinking Without Thinking* [1]. Aux États-Unis, les poursuites légales contre les médecins accusés de négligence sont courantes. Quels sont les critères qui permettent d'évaluer le risque que court un médecin d'être poursuivi ? Son expérience, ses compétences ? Non, en priorité, selon Alice Burkin, une avocate spécialisée dans la défense des patients victimes d'erreurs médicales, les patients poursuivent les médecins qu'ils n'aiment pas. Elle affirme : « Les gens ne poursuivent pas un médecin qu'ils apprécient vraiment. Nous avons eu des patients nous disant qu'ils voulaient poursuivre tel spécialiste, et nous leur avons dit : "Nous ne pensons pas que ce médecin a fait preuve de négligence. Il semble que le responsable soit plutôt votre médecin généraliste." Notre client nous répondait : "Je me fiche de savoir ce qu'il a fait, je l'apprécie beaucoup, je ne le poursuis pas" [2]. » Cette affirmation est démontrée par une recherche de la Vanderbilt University School of Medicine, publiée dans la revue de l'American Medical Association en juin 2002 [3]. Les médecins les plus poursuivis sont ceux qui ont les relations les moins cordiales avec leurs patients. Qu'ils portent ou non une faute n'est pas toujours déterminant.

Des expériences de psychologie sur les enfants font apparaître clairement l'importance de l'affectif.

Dans des cas pathologiques, c'est-à-dire de jeunes enfants qui ont souffert de carences affectives importantes, des études, notamment menées par Selma Fraiberg, une psychanalyste américaine, démontrent que les bébés, et même les jeunes enfants, ne parviennent plus à voir ou entendre certaines formes ou bruits, en général liés à leurs troubles affectifs. Il se produit comme un effacement des sens :

« Les nourrissons n'arrivaient pas à voir leur mère même si celle-ci se trouvait juste dans leur champ visuel. De surcroît, ils ne manifestaient aucune réaction au son de sa voix. Or, dans des circonstances normales, lorsque le nourrisson vit un malaise ou est séparé de sa mère, il cherche à la localiser dans son environnement, en tant que source de réconfort. Contrairement à ce qui

1. Malcolm Gladwell, *Blink : The Power of Thinking Without Thinking*, Back Bay Books, 2007.

2. « Why some doctors get sued more than others », *Medical Economics*, memag.com.

3. Hickson *et al.*, « Patient complaints and malpractice risk », *JAMA*, 12 juin 2002, jama.ama-assn.org.

se passe normalement, les bébés étudiés par Fraiberg explorent la pièce, mais leurs regards passent par-dessus leur mère sans aucun signe de repérage ou de reconnaissance. Si la mère est, temporairement, en dehors du champ visuel du bébé et lui parle ou l'appelle, le bébé ne se retourne pas en direction de la voix et ne donne aucun signe d'intérêt. Pour les douze nourrissons observés dans cette étude, la mère constitue une source de souffrance et le fait de "ne pas la voir" peut donc être conçu comme une défense. Lorsque son repérage visuel ou auditif n'a pas lieu, l'expérience affective qui lui est associée reste, comme l'écrit Fraiberg, "endormie", c'est-à-dire, non appelée par la perception [1]. »

L'esprit humain, dans des situations difficiles, peut avoir tendance à nier la réalité, jusqu'à provoquer un effacement sensoriel. Les situations difficiles étant des malaises ou des souffrances psychiques, le déni semble donc constituer un mécanisme de défense contre cette souffrance.

– **Le déni.** Voilà des indications qui peuvent se révéler fructueuses dans le contexte de l'entreprise. Avec vos supérieurs notamment. Le rythme et les responsabilités des cadres dirigeants sont de grandes sources de stress. Cette tension est pour beaucoup d'entre eux une forme de souffrance psychique. Pour échapper à cette souffrance, le déni peut être une défense très efficace, une échappatoire dont leur esprit va s'emparer. Votre talent dans ce contexte sera de leur apporter l'opportunité de ce déni, des perches qu'ils seront heureux de saisir. Orientez votre communication avec vos supérieurs autour de la rassurance, du détournement et du performatif : offrez-leur les chemins leur permettant de s'échapper d'une réalité difficile, représentez même cette échappatoire.

Vous pouvez exploiter la tendance au déni avec vos équipes également, à peu près de la même manière. La différence à prendre en compte en ce qui concerne vos subordonnés est leur besoin d'appartenance. Pour la plupart d'entre eux l'équipe n'est pas un vain concept, et même les éléments solitaires ressentent les tendances naturelles à l'appartenance et à la dynamique de groupe.

1. Serban Ionescu, Claude Lhote, et Marie-Madeleine Jacquet, *Les Mécanismes de défense : Théorie et clinique*, Armand Colin, Paris, 2005, p. 64.

Alex Mucchielli a étudié les mécanismes de défense psychologique au niveau des groupes [1], il a identifié certains de ces mécanismes, notamment liés aux phénomènes idéologiques. Un survol de ces données vous sera utile pour mieux comprendre le vécu et les réactions de vos équipes.

Il se joue pour Mucchielli, dans l'idéologie, plusieurs mécanismes de défense connus en psychologie, notamment le refoulement et la projection.

Le refoulement, dont on rappelle qu'il consiste en un « rejet dans l'inconscient de représentations conflictuelles qui demeurent actives, tout en étant inaccessibles à la prise de conscience [2] », est dans le groupe un refoulement d'une certaine idiosyncrasie et de désirs et de pratiques personnels, parce que le sujet doit les remplacer par des désirs et des pratiques connus. Cela génère un *coping* de ces éléments refoulés, qui peut parfois se révéler à votre avantage, par exemple si cela s'extériorise chez votre subordonné par de la violence, verbale ou physique, qui va le décrédibiliser totalement.

La projection, « opération par laquelle le sujet expulse dans le monde extérieur des pensées, affects, désirs qu'il méconnaît ou refuse en lui et qu'il attribue à d'autres, personnes ou choses de son environnement [3] », se produit sur votre personne. Elle consiste selon Mucchielli à désigner les ennemis sur lesquels sont rejetées les pulsions. Clairement vous serez cet ennemi. La position n'est pas toujours confortable, mais, en reconnaissant cela, votre objectif sera d'essayer d'en tirer les avantages. Il y a certains angles. Comme avec le refoulement, cela fera de vous l'objet d'expressions ou de décharges violentes qui montreront l'instabilité psychique de vos subordonnés. Ensuite, la projection qui portera sur vous vous permettra, un peu paradoxalement, de contrôler vos équipes, grâce au mécanisme lui-même. Freud analysait la mythologie, les contes de fées, la superstition, comme des formes de projection. Il y a dans ce mécanisme un effet subtil qui fait que l'externalisation des affects ou des désirs, en les séparant du moi du sujet, ne supprime pas leur impact, bien au contraire. L'emprise psychique demeure, ou peut même

1. Alex Mucchielli, *Les Mécanismes de défense*, PUF, Paris, 1981.

2. Serban Ionescu, Claude Lhote, et Marie-Madeleine Jacquet, *Les Mécanismes de défense : Théorie et clinique*, *op. cit.*, p. 239.

3. *Ibid.*, p. 228.

être renforcée parce que, étant extérieure à soi, elle est moins rejetée par les défenses du sujet. En objet de projection, vous aurez ainsi un impact émotionnel réel, et d'autant plus puissant qu'il sera largement inconscient, protégé par la force de ces mécanismes.

Vous disposerez également, grâce à cette emprise, d'un fort effet de levier. Comme vous représenterez une projection négative, elle consommera l'énergie psychique du sujet. Celui-ci sera à la fois dans une relation de dépendance affective – vous représentez la figure du chef, pourvoyeur des signes de reconnaissance et d'acceptation – et dans une tension de la projection négative. Vous pourrez jouer avec l'option de parfois lâcher du lest et offrir par un changement d'attitude ciblé, un relâchement temporaire de ces tensions. Cela troublera certainement votre subordonné, qui vivra cela comme une libération tout en étant surpris de la force de celle-ci, désorienté par ses propres sentiments ambivalents. Ses probables tentatives de rationalisation ne feront qu'augmenter l'inconfort.

En résumé, par la projection les membres de vos équipes vous tendent des fils que vous pouvez tirer. En externalisant des parties d'eux-mêmes, ils en perdent l'absolu contrôle, et courent le risque d'être surpris par l'expression en retour de leurs affects projetés.

Ces éléments vous permettent d'affiner l'utilisation du déni comme stratégie de *coping* dans leur environnement professionnel, vous permettant de conserver une position de force dans une relative sécurité.

Gardez à l'esprit que la position subjective de vos subordonnés n'est pas si différente de la vôtre : ils sont, eux aussi, soumis à la pression de leurs supérieurs – vous en l'occurrence –, à la pression normative, contrôlante de l'entreprise, du rôle qu'ils ont à jouer. Cela les rend parfois plus malléables, en tout cas cela complexifie suffisamment leur vie pour entamer leur capacité à agir clairement. Comptez sur la pression sociale, leurs perceptions de rôle, la fidélité à l'entreprise, structure d'appartenance, le respect de l'autorité. Comptez sur la peur du chômage entretenue par tous, bref sur les innombrables limites perçues à leur champ d'action. Cela les rend plus manipulables et prévisibles.

LES RESPONSABILITÉS

On pourrait croire qu'être manager s'accompagne de fortes responsabilités et d'un pouvoir de décision élevé. Pour vous assurer un avenir harmonieux et vous permettre une progression de carrière continue, n'assumez ni les unes ni l'autre. Si vous y êtes contraint, tâchez au moins de ne le faire que très superficiellement. Mais, bien sûr, communiquez comme si vous en faisiez beaucoup. Comme le disait Jean-louis Bourlanges, ancien député européen, à la radio : « Le pouvoir appartient à ceux qui le veulent le plus, et qui l'exercent le moins. »

En matière de responsabilités, protégez-vous, effacez-vous. Ne signez rien, communiquez autant que faire se peut par oral, évitez les traces écrites, ne soyez jamais explicite, brouillez les pistes. Soyez sans aspérité, que tout retournement de situation futur vous glisse dessus. Il importe, simplement, qu'on ne puisse rien vous reprocher si des décisions prises produisent plus tard des échecs. Faites-vous insaisissable.

Vous pourriez évidemment opter pour une stratégie inverse, consistant à prendre des décisions fermes, à les assumer ouvertement. Le chemin est plus exigeant et bien plus dangereux. Non seulement vous accroissez considérablement votre fragilité en cas d'échec, mais de plus vous vous exposez à plus de problèmes, simplement parce que, par souci de cohérence et de sécurité, il vous faut suivre les projets avec attention. Cela nécessite d'ailleurs que vous sachiez maintenir un projet sur ses rails. En résumé vous dépensez bien plus d'énergie sans garantie solide de succès. Diminuer un maximum votre surface saisissable offre de nombreux avantages : votre absence d'implication dégage du temps pour gérer les affrontements politiques, qui sont des éléments importants de votre assise dans l'entreprise. Cela vous permet également de gérer de la même manière – sans implication réelle – plusieurs projets de front, ce qui augmente la probabilité de succès pour au moins l'un d'eux.

Si vous êtes à un poste facile, dans un domaine que vous maîtrisez et où l'avenir proche est dégagé, vous pouvez sans doute prendre le risque de décisions claires dont vous assumez ouvertement la paternité. Par contre, si la situation est délicate, que vos compétences ne sont pas fortement établies, et que dans les faits vous ne maîtrisez pas le domaine, ou la fonction, dans lequel vous évoluez, faites alors en sorte de brouiller les pistes au maximum, afin de pouvoir ménager en toutes circonstances une porte de sortie. Soyez artistiquement flou.

Sachez faire la différence entre votre implication réelle et votre engagement ostensible. La première devra tendre vers le zéro, et le second chercher le maximum. La conduite opérationnelle du projet sera laissée à votre équipe subalterne, afin notamment de pouvoir y déplacer les responsabilités en cas d'échec. Nous verrons plus loin comment choisir et gérer vos employés en conséquence.

Pour l'engagement affecté, « marketing », c'est un peu plus subtil. Ne vous présentez pas comme le seul organisateur de tous les détails, au risque naturellement de subir toutes les conséquences des échecs. Il faut savoir vous mettre finement en avant, vous présenter comme l'organisateur, le décideur exclusif des lignes générales, vous attribuer la paternité des idées et des innovations, tout en démontrant votre capacité à déléguer les détails aux subalternes que vous aurez soigneusement sélectionnés comme chefs de projet.

De nouveau, Baltasar Graciàn nous montre la voie : « C'est où consiste le bonheur des grands que d'avoir auprès d'eux des gens d'esprit qui les tirent de l'embarras de l'ignorance en leur débrouillant les affaires. De nourrir des sages, c'est une grandeur qui surpasse le faste barbare de ce Tigrané qui affectait de se faire servir par les rois qu'il avait vaincus. C'est un nouveau genre de domination que de faire par adresse nos serviteurs de ceux que la nature a fait nos maîtres. L'homme a beaucoup à savoir, et peu à vivre ; et il ne vit pas s'il ne sait rien. C'est donc une singulière adresse d'étudier sans qu'il en coûte, et d'apprendre beaucoup en apprenant de tous. Après cela, vous voyez un homme parler dans une assemblée par l'esprit de plusieurs ; ou plutôt ce sont autant de sages qui parlent par sa bouche, qu'il y en a qui l'ont instruit auparavant. Ainsi, le travail d'autrui le fait passer pour un oracle, attendu que ces sages lui dressent sa leçon, et lui distillent leur savoir en quintessence. Au reste, que celui qui ne pourra avoir la sagesse pour servante tâche du moins de l'avoir pour compagne[1]. »

1. Baltasar Graciàn, *L'Homme de cour*, *op. cit.*

Selon le destin de vos projets, vous serez capable d'en affirmer la pleine et entière paternité – en mentionnant corollairement la qualité de votre équipe – ou de rejeter le blâme sur l'interprétation fallacieuse de vos principes et instructions, d'affirmer la qualité de vos grandes orientations tout en dénonçant les erreurs commises dans l'exécution des détails.

En gérant plusieurs projets de front, vous vous profilez comme un manager actif et polyvalent, aux grandes capacités d'organisation, vous limitez la concurrence et vous contentez votre hiérarchie qui bien souvent accumule les demandes urgentes, toutes à mener de front. Comme eux, libérez-vous du désir de hiérarchiser – tout est important – et acceptez ce qui vient sans partage. Surtout ne refusez rien. Répercutez simplement sur vos équipes. En cas d'échec, jouez alternativement la responsabilité de vos supérieurs et celle de vos équipes, selon l'interlocuteur.

Pour peu que vous jouiez la partie finement, votre succès est assuré. Vous aurez mis en place une véritable stratégie de gestion des risques.

GÉRER LES CONSÉQUENCES DE VOS ACTIONS

Le statut de manager est particulier. Vous occupez une position sociale valorisée. Votre condition est différente de celle de vos employés, et eux comme vous en êtes conscients. Vous appartenez à un autre univers, le monde du manager, qui obéit à des lois différentes et que nous explorerons plus loin.

Une caractéristique importante du monde du salarié est le principe de causalité, la loi qui provoque un enchaînement des causes et des effets. Elle nous est en général expliquée dans une démarche inductive : à partir d'un phénomène, on peut toujours trouver une cause. Ainsi que nous l'affirme Platon dans le *Timée* : « Tout ce qui devient [...], c'est par l'action de ce qui le cause que nécessairement il devient ; car rien ne peut, séparé de ce qui le cause, assumer le devenir[1]. »

On en déduit que toute action produit des effets, et que ces effets sont dans une certaine mesure prévisibles, parce que chaque type d'action a tendance à produire régulièrement la même classe d'effets. C'est ce qu'on appelle le déterminisme.

1. Platon, *Œuvres complètes*, tome 2, Gallimard, Paris, 1943, p. 443.

La science moderne remplace peu à peu la causalité, trop rigide, par une construction qui lui sied mieux car elle permet de représenter une réalité plus riche : la loi des probabilités. Quoi qu'il en soit, la causalité ou la loi des probabilités fonctionnent sur le même principe : le passé décide du futur. Si on accepte cette prémisse, cela signifie qu'on peut régler nos actions quotidiennes par une approche déductive. En choisissant les effets que nous désirons, il suffit, pour les atteindre, de travailler à réaliser les causes les plus susceptibles de les produire. C'est par exemple l'application du principe de l'épargne.

Mais, pour garder cet exemple, l'épargne n'est pas idéale. Elle souffre des désagréments habituels de ce principe d'adaptation du présent aux prévisions du futur. Premièrement, malgré la justesse ou la complexité de nos montages intellectuels, nous n'avons jamais aucune garantie de résultat. Ensuite, cela nous conduit à réprimer notre comportement actuel, ce que nous faisons généralement sous une forme fortement idéologisée, moralisée. Nous contraignons notre nature, et nous en espérons des résultats, sans garantie. Pourquoi ne pas vivre plus intensément le présent, tout en corrigeant au fur et à mesure les conséquences au moment où elles émergent, au lieu de se prévenir de séquelles hypothétiques ? D'autant plus que la juste prévision des conséquences est un art délicat. Pourquoi donc gaspiller une énergie précieuse dans un sport aussi aléatoire ?

Une partie de la morale repose sur le calcul des conséquences, dans une vision utilitariste. Nous aurions deux motivations à appliquer des principes moraux : par une éthique personnelle et le respect d'une morale intrinsèque, ou par la prévision des effets de nos actions, dont nous pourrions être nous-mêmes les victimes en retour. D'ailleurs, la prévision intervient même dans le principe de l'éthique. Quel serait le succès pratique d'une morale dans un monde où l'on serait assuré de ne souffrir aucune conséquence à nos actions ?

La question se scinde ensuite en deux courants, selon une perception individuelle ou commune des effets. Par exemple, dans la pensée antique, l'hédonisme et l'eudémonisme mesurent la morale individuelle à l'étalon respectivement du plaisir et du bonheur. En économie moderne, le courant utilitariste développe une morale des conséquences pour l'ensemble des acteurs. La qualité morale d'une action y est mesurée par ses seuls effets sur le bonheur des individus. Jeremy Bentham le résume ainsi : « La base de la déontologie, c'est donc le principe de l'utilité, c'est-à-dire, en d'autres termes, qu'une action est bonne ou mauvaise, digne ou indigne, qu'elle mérite l'approbation ou le blâme, en proportion de sa tendance à accroître ou à diminuer la somme du bonheur public [1]. » Il s'agit donc d'une morale conséquentialiste, opposée à une morale kantienne, pour laquelle est bien ce qui est bien, au vu d'une obligation déontologique fondée sur la liberté et l'autonomie de la raison, hors de la soumission aux désirs et aux besoins.

Mais qu'est-ce qui sépare réellement l'utilitarisme et la morale du devoir ? En d'autres termes, en quoi la recherche d'un bonheur collectif est-elle plus réaliste ou pragmatique que la morale pour la morale ? Comment juger de la valeur d'une doctrine conséquentialiste collective ? Même en admettant que cela constitue un objectif souhaitable, la question des moyens reste posée. En quoi la recherche affirmée d'un bonheur collectif a-t-elle plus de chances d'atteindre des résultats que la lutte entre elles des différentes recherches de bonheurs individuels ?

L'utilitarisme reste une forme de morale, et la morale est une construction du monde conséquentialiste, causal, le monde de l'employé. Vous êtes manager, vous avez atteint un autre monde, où ces lois ne s'appliquent plus, où tout est organisé pour que vous y échappiez. Cessez donc dans vos actions quotidiennes de vous y référer. Vous n'avez plus à vous soumettre à ces règles. Même, vous ne le devez plus. Si vous le faites, par faiblesse ou par oubli, vous prenez le risque d'être détrôné, de retomber dans l'univers causal qui était le vôtre auparavant, de laisser votre place. La morale, quelle qu'elle soit, ne vous concerne plus.

Les conséquences de vos actions ne vous touchent plus que d'une façon : en quoi elles affectent votre propre situation, et votre place. Il n'y a qu'un vrai danger dans le monde du manager : en être banni par ses autres habitants, vos semblables. C'est à partir de ce danger seulement que les conséquences de vos actions doivent être mesurées, en amont (comment éviter les situations à problème) comme en aval (comment minimiser ou annuler les conséquences malheureuses des actions entreprises).

1. Jeremy Bentham, *Déontologie, ou science de la morale*, tome 1 : *Théorie*. Carpentier, 1834.

COMMENT TROUVER DE BONNES EXCUSES

Pour vous protéger de façon efficace, et vous maintenir dans ce monde particulier du manager, vous devez suivre un certain nombre de règles – les lois différentes de cet univers – que nous allons continuer à détailler dans cet ouvrage. En voici une importante : ne reconnaissez jamais vos torts.

Jamais, c'est vraiment jamais. Ne vous abandonnez à aucun moment à dire que vous avez commis une erreur. Utilisez toutes les méthodes de communication à votre disposition pour modifier ou retourner le message : reformulez, déplacez la responsabilité, essayez tous les pronoms personnels, sauf le premier, qui doit rester exclusivement réservé aux réussites. Au besoin, changez de sujet, attaquez, échappez-vous...

Pourquoi ne jamais reconnaître ses erreurs ? Faire son autocritique, assumer ses responsabilités, cela peut sembler *a priori* attachant, un signe de noblesse d'âme. Méfiez-vous de ce raisonnement qui n'est qu'une rationalisation de nos échecs. Ce qui laisse les traces les plus profondes et les plus durables d'un événement, c'est le sentiment qu'on en retire, sa signification symbolique dans l'affrontement entre les forces individuelles de l'entreprise. Car ce qui imprime, au-delà des mots, c'est le rapport de forces. En reconnaissant vos erreurs, vous reculez, vous perdez du terrain. Même si vous pensiez être estimé pour votre franchise, ou peut-être votre courage, vous devez comprendre, comme nous l'avons déjà montré, que la perception inconsciente de votre défaite est plus forte que les constructions de la rationalité.

Pour rester sur cette ligne inamovible, opiniâtre, jouez la bêtise. Cette technique a l'avantage de décontenancer votre interlocuteur et de le priver de ses moyens de réponse habituels. Plus précisément, et de façon tactique, ne cherchez pas toujours à vous présenter sous des dehors rationnels, brillants et supérieurs. Laissez-vous parfois aller à de la stupidité calculée. Je ne parle pas de reconnaître votre manque de compréhension de la matière professionnelle, de cela il faut évidemment vous protéger, mais de vous permettre la bêtise dans vos interactions avec vos subordonnés.

Concrètement, n'essayez pas de défendre vos positions en restant en permanence logique et intelligent. C'est parfois impossible, ou cela peut demander un argumentaire compliqué que vous n'avez pas le loisir de bâtir à l'avance, si vous êtes pris par surprise sur le sujet. Laissez agir votre intuition et répondez ce qui vous vient. Ne vous préoccupez pas de cohérence, ne cherchez pas à éviter de vous contredire vous-même, nous avons vu que la causalité est parfaitement malléable. Soyez concentré sur la défense du moment. Elle consiste, répétons-le, à ne pas lâcher de terrain. Même si ce que vous dites n'a pas de sens, même si vous dites autre chose une minute plus tard, vous aurez tenu vos positions sur le plan symbolique, c'est ce qui importe.

Se positionner en victime est aussi un bon moyen de vous défendre. Cela vous offre l'opportunité d'apparaître comme sympathique aux yeux de vos interlocuteurs – l'être humain est sensible aux injustices – et en même temps la justification pour critiquer vos adversaires, dans une contre-attaque dissimulée. Depuis quelques décennies, la posture de victime est devenue très puissante. Elle implique de reconnaître la souffrance d'un individu et de la considérer injuste, de valoriser cette personne innocente pour compenser son préjudice. Cette recherche est pleine de sens dans notre société égalitaire. Certes, l'entreprise est un modèle plus hiérarchique, mais ce n'est pas tant la structure réelle qui compte, que les sentiments que vous ferez naître chez vos interlocuteurs. C'est là où se trouve la vraie puissance de conviction.

GÉRER LES EMPLOYÉS

Nous avons abordé le discours du manager, auprès de sa hiérarchie ou à destination de ses subordonnés. Mais gérer ses subordonnés ne s'arrête au discours que dans un monde idéal, où cela suffirait à leur donner direction et limites. Il y a malheureusement d'autres contraintes à prendre en compte.

CHOISIR SES EMPLOYÉS

Le premier élément déterminant dans la gestion de vos subordonnés, c'est leur choix. Savoir identifier le caractère d'un employé idéal est essentiel. De la bonne constitution de vos équipes dépendent largement vos chances de succès.

Premièrement, sélectionnez des collaborateurs moyennement compétents. Compétents parce que cela vous permettra d'être plus tranquille et d'assurer de plus grandes chances aux projets : si vous choisissez de n'assumer vos responsabilités qu'en façade, celles-ci seront laissées totalement entre leurs mains, il est donc important que ces mains soient habiles. Moyennement parce que le risque inhérent est évidemment que cette compétence vous fasse de l'ombre. Ici aussi, l'équilibre est difficile.

Outre une compétence moyenne, cherchez la franchise et le goût du travail bien fait. Ces qualités positives, appréciables en elles-mêmes, vous permettront de garder le contrôle, d'abord en conservant sur nos employés l'avantage tactique de la mauvaise foi, ensuite, en profitant de leur transparence, de leur prévisibilité. Leur sérieux vous assurera potentiellement le succès dans la réalisation des projets. Ils développeront certainement de la rancœur à votre égard, qu'ils épancheront entre eux. Ne vous en formalisez pas. Leur frustration, fruit de leur incompréhension des contraintes politiques auxquelles vous devez faire face, est sans danger. Il est toutefois important que leur conscience professionnelle et leur fidélité à l'entreprise les poussent à réaliser les projets que vous leur confiez quel que soit leur sentiment à votre égard, et à investir d'eux-mêmes le suivi des tâches dont vous vous serez volontairement maintenu absent. En quelque sorte, ils pallieront d'eux-mêmes votre absence de gestion.

SOYEZ IMPRÉVISIBLE

Rien de tel pour assurer durablement votre influence sur vos employés que de vous bâtir une position inaccessible, aussi bien en maîtrisant l'information qu'en opacifiant votre caractère. Plus vous serez imprévisible, moins votre pouvoir pourra être cerné, contenu et remis en question. Tout le monde connaît la phrase attribuée au cardinal de Retz : « On ne sort de l'ambiguïté qu'à ses dépens. » Soyez insaisissable, jouez sur plusieurs tableaux. L'être humain, constamment à la recherche d'explications et de synthèses rassurantes, se sent désarmé devant la complexité.

Suivez le conseil de Baltasar Graciàn : « Il est bon de varier, pour frustrer la curiosité, surtout celle de vos envieux. Car, s'ils viennent à remarquer l'uniformité de vos actions, ils préviendront et, par conséquent, ils feront avorter vos entreprises. Il est aisé de tuer l'oiseau qui vole droit, mais non celui qui n'a point de vol réglé. Il ne faut pas aussi toujours ruser, car, au second coup, la ruse serait découverte. La malice est aux aguets, il faut beaucoup d'adresse pour se défaire d'elle. Le fin joueur ne joue jamais la carte qu'attend son adversaire, encore moins celle qu'il désire [1]. »

Variez donc les plaisirs. Si vous êtes sévère, distant, intransigeant dans les situations professionnelles ou les réunions de travail, organisez de temps en temps des soirées, des dîners réguliers où vous encouragerez une atmosphère plus décontractée. Vous pourrez y donner des signes de reconnaissance et y affirmer en public la valeur de vos subordonnés. Vos supérieurs n'en seront pas témoins, et vous accentuerez la confusion, le sentiment d'ambivalence chez vos employés. Valider vos employés dans un contexte non professionnel vous dégage de toute obligation morale de tenir compte dans les faits, durant les heures de bureau, de ce que vous avez dit, d'être en quelque sorte fidèle à votre parole. Ce que vous affirmez dans ces soirées ne peut prêter à aucune conséquence.

Ne vous placez pas pour autant au niveau de vos employés, gardez une légère distance, une forme de royauté de bon aloi, que vos subordonnés eux-mêmes contribueront à bâtir, puisque c'est la disposition à laquelle ils s'attendent et qui correspond à leur perception de vos relations, voire de la réalité. Si vous abandonnez cette distance, cela rompra le carcan de l'autorité instituée qui contribue pour beaucoup à la soumission aux managers, et cela pourrait ouvrir la brèche à des velléités de rébellion, dans le cadre du repas ou plus tard. Comme le disait Mazarin : « Si un inférieur t'invite à sa table, accepte et ne te permets aucune critique ; fais preuve envers chacun d'une parfaite courtoisie. Mais, détendu dans la conversation, garde un brin de gravité dans ton maintien [2]. »

Les classes sociales existent bel et bien. Elles ont clairement conscience les unes des autres, et elles connaissent leurs frontières. S'il existe des passages, des seuils, peu les franchissent.

1. Baltasar Graciàn, *L'Homme de cour*, *op. cit.*

2. Jules Mazarin, *Bréviaire des politiciens*, *op. cit.*, p. 38.

Les membres des différentes classes se côtoient parfois mais jamais ne se mélangent. Quand un couple mixte se forme, il a souvent bien du mal à vivre son union. Les membres des deux familles ne peuvent comprendre ce rapprochement. Ils savent à quel point les mélanges de classes sont contre nature.

Faire partie de la classe supérieure suffit à générer le respect et vous confère une autorité naturelle. Celle-ci sera d'autant plus renforcée qu'elle aura été montrée dans un contexte hors entreprise, donc qu'elle aura été « transcontextualisée ». Elle n'en sera que plus fortement liée à votre personne, partie intégrante de votre identité, et non plus seulement dépendante de votre présence dans l'entreprise.

Bâtir et affirmer votre autorité n'est en rien hors d'atteinte, cela ne demande pas de votre part une initiative ou une énergie très importante. C'est une position plus qu'une action. La distance sera le creuset dans lequel vos subordonnés pourront faire fondre leurs propres conceptions de l'autorité, comme un poids abandonné, pour s'y soumettre tout naturellement. Plus de surplomb que d'aplomb. L'autorité est souvent perçue comme une supériorité froide, aux rouages obscurs. Correspondre à cette perception vous permet d'être un réceptacle de la soumission. Vous rendre incompréhensible vous donne l'aura, la place nécessaire à l'investissement des autres, une soumission librement consentie, comme s'en étonnait La Boétie.

Devez-vous vous contrôler en permanence ? Dans la mesure du possible, oui. Mais parfois, emporté par votre nature, vous pouvez avoir la tentation de vous laisser aller, à plus forte raison si vous consommez de l'alcool durant la soirée. Ne le craignez pas plus que de raison. Évitez simplement la convivialité, la fraternisation avec vos subordonnés. Cela ne peut que générer gêne, problèmes, désagréments.

Ces écarts pourront faire office de défouloir et vous permettre de libérer le trop-plein de contrôle qui peut-être vous pèse parfois. Citons Mazarin : « Tu as toujours la ressource de t'étourdir de fêtes pour oublier les sentiments que tu veux cacher. Ainsi aucun observateur ne pourra deviner si tu es content ou furieux [1]. »

1. *Ibid.*, p. 121.

Si l'alcool vous rend volubile et que vous accaparez la parole, que vous articulez des plaisanteries déplacées, en un mot que vous vous rendez ridicule, vos subordonnés se moqueront certainement de vous, et, s'ils nourrissent comme c'est probable une certaine rancœur à votre égard, ils ne vous mépriseront que d'avantage. Est-ce si gênant ? Ces sentiments ont de fortes chances d'émerger sur le lieu de travail quoi qu'il en soit, où vous devrez vous en protéger par votre calme et votre hauteur d'abstraction. Hors du contexte professionnel, les témoins importants seront absents. Il n'y a donc pas à se formaliser de ces écarts.

Ne cherchez pas à être juste et populaire. Il serait risqué que votre équipe vous aime. Il est certes désagréable qu'elle vous déteste, mais bien moins dangereux. Si votre équipe vous apprécie, cela dénote trop d'empathie de votre part, trop de proximité. Ce n'est pas cette proximité-là que vous devez chercher. Pour un employé, faire partie du même groupe que son manager est un signe d'élévation hiérarchique. Par contre, pour le manager, c'est une dévalorisation. En toute logique, le groupe dont vous devez chercher l'appartenance est celui des cadres dirigeants. Vous devez vous projeter vers le haut, non vers le bas. Votre milieu d'appartenance définit votre identité : insérez-vous dans la communauté qui représente ce que vous cherchez, non ce dont vous voulez vous extraire. C'est le seul moyen de cultiver le terreau de votre promotion effective, et d'assurer votre protection en cas de problème. Vous faire apprécier de vos employés est en réalité une absence d'objectif, vous poussant à consacrer de l'énergie pour une finalité inutile. Vont-ils travailler mieux pour autant ? En quoi cela influerait-il sur votre carrière, puisque l'opinion de vos subordonnés n'intéresse pas vos supérieurs ?

CONTRÔLEZ VOS EMPLOYÉS

Afin de garder la main sur vos équipes, n'hésitez pas à baser votre action sur les recherches en psychologie sociale des organisations. Nous savons par exemple depuis Charles Taylor et l'école de l'organisation scientifique du travail (OST), qu'on peut approcher l'employé dans son individualité et analyser ses motivations au travail. Alors que l'OST bâtit une organisation scientifique et optimale du travail, du geste parfait pour réaliser une tâche dans le contexte de la production de masse, il lui faut s'occuper de la motivation. Elle pose le postulat que la principale motivation de l'employé est le salaire, et que les performances des travailleurs lui sont étroitement liées. Ces observations gardent toute leur force aujourd'hui. Votre employé accorde une grande importance à la rémunération, qui lui permet d'assurer ses moyens d'existence matériel, pour lui et sa famille. Chez Taylor, le salaire doit être en rapport avec la production, afin de remédier à ce qu'il appelle la flânerie systématique.

Dans le contexte actuel, la flânerie a quelque peu changé de nature. Le travail de bureau rend les occasions de flânerie à la fois plus étendues, variées, et moins visibles. Certes, la pause-café demeure, et les occasions de prendre l'air, de fumer une cigarette, de bavarder avec ses collègues sont toujours présentes. Mais ces occasions partagent la caractéristique d'être visibles, patentes, cela rend leur efficacité pour l'employé limitée : vous verrez clairement quand un de vos subordonnés quittera son poste, vous ne pourrez manquer les conversations, les mouvements. La régulation de ces flâneries se fait en quelque sorte naturellement : soit par votre action et vos rappels à l'ordre, soit par la conscience même des employés, par leur autocensure, peur de la réprimande ou sentiment de culpabilité.

Le contrôle se fait plus difficile dans la flânerie invisible permise par le caractère statique de la plupart des tâches de bureau aujourd'hui, et par un rapport avec l'usage de l'outil informatique. Comment vous est-il possible de faire la différence entre un employé qui saisit un rapport ou rédige un document dans son traitement de texte et celui qui converse par courrier électronique ou messagerie instantanée avec ses amis ? Celui qui se distrait et celui qui travaille ? Il existe des outils informatiques qui permettent de suivre ce que fait un employé sur son ordinateur, vous pouvez songer à les mettre en place, par exemple pour intercepter les courriels non professionnels, ou pour retourner des statistiques sur le temps passé sur chaque logiciel. De tels outils existent depuis un certain temps, qui enregistrent toutes les actions effectuées sur un ordinateur dans un répertoire secret, avec des capacités de tracer les adresses de sites Internet visités, d'enregistrer des touches de clavier pressées pour reproduire les textes saisis, de prendre des copies d'écran... Ils recueillent sans doute une trop grande quantité d'informations pour pouvoir être utiles à grande échelle, et vous pouvez les réserver à des employés contre lesquels vous souhaitez recueillir des preuves. Pour une surveillance plus systématique, des technologies nouvelles vont sans doute naître prochainement.

Le *Times* rend compte d'une demande de brevet déposée par Microsoft à l'US Patent and Trademark Office : « Le système pourra fonctionner non seulement sur des ordinateurs de bureau et des portables, mais aussi sur des téléphones mobiles et des assistants personnels, ce qui signifie que l'employé pourra toujours être surveillé. [...] Le système fonctionnera en enregistrant et analysant quels mots et chiffres seront utilisés, quels sites web seront visités, et en observant le rythme cardiaque, la respiration, la température du corps, l'expression du visage et la pression sanguine. La demande de brevet explique : “Le système peut aussi détecter automatiquement la frustration ou le stress chez l'utilisateur *via* des capteurs physiologiques et environnementaux, et offrir de l'aide en conséquence.” [...] Chaque réponse pourra être analysée en temps réel pour permettre à l'ordinateur de décider de l'action à prendre. La demande de brevet dit : “À partir de ces données, des statistiques de performance, des taux de réussite, des fréquences d'apparition de problèmes, etc. peuvent être fournis aux utilisateurs ou être employés pour évaluer les performances d'un utilisateur, ou son efficacité comparativement aux autres utilisateurs.” [...] L'étape suivante pour l'ordinateur est de sélectionner les meilleurs employés en “comparant les performances de gens effectuant le même type de travail et en trouvant les meilleurs pour, par exemple, des projets futurs”. Mais le système décrit pourra faire mieux que de mesurer la performance de travail, il pourra aussi tester la sincérité d'activités “réalisées correctement mais en désaccord avec les règles de la société ou du gouvernement” [1] ».

Avant que ces outils ne soient disponibles, la méthode la plus simple reste peut-être l'autorégulation, que l'on peut baser sur des principes tayloriens adaptés : si, dans la flânerie visible, l'autorégulation est conduite par la peur du regard de l'autre, le vôtre en particulier, dans la flânerie discrète elle peut être générée par son propre regard sur soi, en l'espèce un sentiment de honte ou de culpabilité, ou le respect pour une norme. Pour que ce genre de sentiment apparaisse, il faut que l'employé se sente

1. David Brown, Elizabeth Judge, « How computer spy in the office will monitor everything you do », *The Times*, 16 janvier 2008.

un devoir moral à effectuer son travail, ou une pression de temps ou de résultat. Là encore, votre discours est important. En convainquant l'employé qu'il est un élément important de l'entreprise, et que la réussite de celle-ci ne dépend que de ses efforts, vous l'inciterez à s'impliquer plus. En tant que manager, vous n'avez qu'une responsabilité de gestion. Ce sont les forces de travail qui créent de la richesse, souvenez-vous.

Pour accentuer cette pression, jouez des outils de supervision. Le contrôle du travail n'est plus aussi archaïque qu'à l'époque de l'OST. Il ne s'agit pas ici de faire pointer vos employés. Dans beaucoup de domaines, la nécessité d'établir des processus pour diriger des projets complexes mettant en relation des équipes, est reconnue. En arguant du besoin de toujours avoir une vision de l'avancée des projets en temps réel, en expliquant que cette information permet à l'entreprise d'être toujours réactive et d'optimiser ses processus, poussez les employés à tenir à jour documents, comptes rendus, classeurs, communications internes, à organiser des réunions fréquentes et à saisir un détail des plages horaires dédiées à chaque tâche. En quelque sorte, faites de l'employé son propre manager. Dans le contexte actuel, il trouvera ça tout à fait normal, et vous serez dégagé de ces responsabilités. Cela vous permettra de mieux les contrôler. Ils vous en donneront eux-mêmes les moyens.

Nous l'avons vu avec l'OST, le salaire est un élément important de motivation. La rémunération étant la raison essentielle pour laquelle l'employé vient travailler quotidiennement, et l'argent étant assez largement considéré comme une denrée rare et difficile à obtenir, il en résulte un respect porté au salaire et l'idée fortement ancrée que celui-ci doit être mérité. Une rémunération correcte est un moyen en général efficace de créer cette autorégulation du travail.

La problématique du salaire peut être résumée en une formule mathématique simple : plus le salaire (S) est élevé, moins l'est la flânerie (F), le produit des deux aboutissant au travail : $S/F = T$.

En application de cet axiome, si vous voulez payer moins vos employés, laissez-les flâner, et ils ne vous ennuieront pas. Si par contre vous avez besoin de leur force de travail et de leur productivité, augmentez leur salaire. L'objectif est de conserver une forme d'équilibre, d'homéostasie. Dans un cas, vous leur donnez un espace, dans l'autre une motivation ou une incitation.

Une théorie du comportement humain en entreprise postérieure à l'OST est le courant dit des relations humaines, qui se base sur les travaux d'Elton Mayo à Hawthorne, près de Chicago, et qui a mis en lumière (d'autant plus que cette expérience était menée à l'usine Western Electric) l'importance des variables psychologiques et des relations humaines dans l'entreprise. Une des conclusions amenées par Mayo est que, pour citer Etzioni, dans son livre *Les Organisations modernes* : « La récompense et la sanction non économiques affectent d'une manière significative le comportement du salarié et limitent profondément l'effet des stimulations économiques [1]. »

Dans notre présentation du principe de dissonance cognitive, nous avons déjà constaté que les effets psychologiques de la rémunération n'étaient pas aussi favorables qu'on pourrait le croire. Elle n'est pas un élément participant à la création du système cognitif, et même semble avoir un effet contraire. Cela démontre-t-il que nous n'acceptons pas l'argent comme une valeur, et que même nous en faisons une antivaleur, puisque son abondance suffit à dénaturer à nos yeux ce qui la produit ? En reconnaissant ces observations, vous pouvez imaginer les moyens d'action auprès de vos subordonnés : vous pouvez payer peu un employé sans pour autant le démotiver, si vous savez d'un autre côté produire un système cognitif cohérent pour le rendre captif. À l'inverse, vous pouvez diminuer la dissonance cognitive d'un subordonné plus résistant en augmentant son salaire, ce qui non seulement lui donnera l'impression d'être reconnu et produira des troubles ambivalents entre la reconnaissance financière et l'absence de reconnaissance qualitative, mais en plus diminuera sa tendance à s'impliquer et en fera un individu plus distant, plus détaché. Cela pourrait également, si vous avez envie de vous en débarrasser, le rendre plus prompt à quitter l'entreprise. Car, comme nous l'avons vu, une bonne rémunération a plutôt tendance à convaincre l'individu qu'il travaille pour de l'argent, ce qui rend l'entreprise interchangeable, et l'employé plus prompt à aller chercher ailleurs une meilleure rémunération encore, ou simplement, à rémunération identique, un environnement de travail plus harmonieux ou respectueux.

1. Cité par Claude Louche, *Psychologie sociale des organisations*, Armand Colin, Paris, 2003.

Une autre conséquence possible de la rémunération est la distance que cela établit entre l'employé bien payé et le reste de l'équipe, ces derniers pouvant y voir suffisamment d'injustice pour faire naître la jalousie et la critique, ce qui peut l'isoler plus encore.

Le salaire est, on le voit, une arme à double tranchant. La conception selon laquelle on peut retenir un employé en le payant bien est faillible et, lorsqu'il quittera l'entreprise, votre responsable des ressources humaines le verra comme une trahison. C'est en effet pour lui un investissement lourd que d'accorder un bon salaire, un effort dont il souhaite naturellement avoir des effets. Il vous suffit ensuite de montrer les mêmes déceptions pour vous lier davantage au DRH, ce qui est toujours utile stratégiquement.

CONTRÔLE DE LA COMMUNICATION

Vos employés seront nécessairement insatisfaits de votre style de management. À partir du moment où vous privilégiez votre gestion de carrière, et que vous vous protégez de la concurrence, vous provoquerez chez eux de la frustration ou de la rancœur. Certains vous considéreront comme un frein à leur propre évolution professionnelle, au bon fonctionnement de l'entreprise, ou simplement à leur tranquillité. Ils chercheront à l'exprimer à vos supérieurs, à les alerter, à critiquer votre management ou à mettre en doute vos compétences. Vous devez absolument vous en prémunir, en mettant deux barrières en place.

Premièrement, organisez un filtrage systématique. Contrôlez soigneusement et en permanence les canaux de communication. Vous devez maîtriser toute information qui passe de vos subalternes vers vos supérieurs. Cela veut dire que vous devez éloigner autant que possible vos supérieurs de vos employés, et *vice versa*. Vous pouvez le faire en établissant des protocoles stricts de passage de l'information, en répétant aux employés que vos supérieurs sont trop occupés pour les voir directement, et que par conséquent vous vous chargez de la tâche pénible mais nécessaire d'être le canal de transmission, et en expliquant à vos supérieurs que vos équipes sont concentrées et surchargées de travail, et donc que vous centralisez la communication. Ce n'est en général pas très compliqué car beaucoup d'entreprises établissent un modèle de transmission d'informations hiérarchique. Les cadres dirigeants sont très réticents envers la communication directe et non protocolaire, dans l'idéal la refusent carrément. Vous pouvez compter ici sur une forme de solidarité managériale. Ceux qui occupent des postes élevés sont déjà passés par votre niveau, et comprennent les règles du jeu. Même sans solidarité explicite, il demeure une cohésion de clan, une protection atavique de l'espèce.

Vous pouvez également les séparer physiquement, que ce soit dans des bâtiments différents, ou simplement en organisant vos bureaux de telle sorte que les trajectoires ne puissent se croiser, notamment à l'arrivée et au départ du travail. Méfiez-vous principalement des ascenseurs et des salles de pause.

Ensuite, comme vous ne pouvez pas matériellement prévenir toute possibilité de contact direct, préparez vos supérieurs à la réception d'éventuelles critiques. Identifiez parmi vos subordonnés les éléments les plus susceptibles de vouloir remonter leurs critiques, et parlez d'eux auprès de vos supérieurs, indirectement et avec diplomatie, comme de sujets instables, rebelles et peu fiables, afin de discréditer par avance leurs propos. Insistez également sur leur propension à négliger la chaîne protocolaire, à ne pas se conformer à ces règles élémentaires que vous avez mises en place, et que les autres membres de vos équipes considèrent comme parfaitement normales. Bref, procédez à un travail de sape. Vos supérieurs seront en général sensibles à ces arguments.

Plus vous avez la maîtrise des canaux de communication entre vos subordonnés et votre hiérarchie, moins vous devez contrôler le travail des premiers. Si votre maîtrise de la communication n'est que partielle, laissant la place par exemple à des possibilités d'interactions directes entre les parties (ainsi lorsque les uns et des autres sont proches physiquement), il est indispensable de mettre en place un contrôle plus poussé des tâches auxquelles vos employés s'activent. La raison en est simple : leur frustration peut les inciter à prendre des initiatives personnelles qui vont à l'encontre de vos plans, et ils seront d'autant plus enclins à le faire qu'ils auront la possibilité de présenter ces initiatives à votre hiérarchie directement.

Le contrôle des tâches vous offre donc aussi l'opportunité d'être parfaitement au courant de leurs activités, les empêchant pratiquement de développer des initiatives personnelles, ou vous permettant tout au moins de récolter des indices, des signes de ces velléités. Vous avez la raison et l'industrie avec vous : la gestion de projet est une pratique universellement reconnue et plébiscitée, et personne ne peut contester son utilité. Quantité de méthodes, d'outils et de logiciels existent sur le sujet, et on ne peut vous refuser la mise en place de ces procédures. Au contraire, elles auront, une fois de plus, une influence bénéfique sur votre statut de manager.

LA VISION

Quand on écoute les théoriciens du management, comme leurs sectateurs et les décideurs en général, on a parfois l'impression d'être chez un oculiste. Ils parlent en permanence de vision. Pour eux, l'entreprise doit fonder toute sa stratégie sur une vision. John Kotter, un des grands gourous américains du leadership, considère dans son livre *Leading For Change*, qu'il existe huit étapes importantes à franchir pour provoquer un changement réussi dans une organisation. Trois de ces étapes ont un rapport avec la vision :

- **Créer une vision.** Il décrit cette vision comme « une image du futur relativement facile à communiquer, et qui plaît aux clients, aux actionnaires et aux employés ». Il affirme que la vision est utile comme une boussole, pour rester sur le bon chemin, surtout en cas de crise. Il prétend également que la vision améliore la motivation des équipes.
- **Communiquer cette vision.** Bien sûr, nous sommes en entreprise, un monde qui ne fonctionne pas selon les mêmes règles que l'ordre des Chartreux. La solitude et le silence, attitudes nobles dans un contexte religieux, sont mortels pour le commerce. Kotter fournit ce conseil : estimez combien de communication sur la vision est nécessaire, et multipliez ensuite cet effort par dix.
- **Permettre aux autres d'agir selon cette vision.** En d'autres termes, débarrassez-vous des obstacles pratiques à la réalisation de la vision.

Dans quel autre domaine retrouvons-nous le mot vision ? En religion, bien sûr. La vision est ce contact direct avec Dieu, privilège accordé aux grands saints et aux prophètes. La vision est aussi cette faculté que seul Dieu possède de voir toutes choses, dans leur existence et leur essence. Comme nous l'explique Malebranche, la capacité de l'être limité, de percevoir, même en imagination, les choses infinies, ne peut se faire qu'à travers Dieu [1]. La vision étant cette communication directe avec Dieu qui permet de toucher l'infini, elle procure donc la capacité de percevoir la vérité, et de la communiquer aux autres mortels. C'est ce que font les prophètes.

C'est une autre dimension du management, liée à la mode du management transformationnel. Dans un domaine où on utilise traditionnellement des termes militaires (force de vente, recrutement, public cible, conquête de marchés, stratégie...), cela représente une tendance presque opposée, visionnaire et mystique. Il s'agit en fait de deux formes de soumission à un collectif, un plus grand que soi. Vous pouvez soulever les foules par la discipline et le corps, mais aussi par la religion, estampillée opium du peuple depuis Marx. Dans les deux cas, le général ou le prophète, c'est naturellement vous. Vous êtes celui qui communique, qui amène la révélation à portée de vos ouailles. On peut lire ceci dans la préface d'un livre de leadership américain : « Les caractéristiques clés des leaders sont dans les valeurs qu'ils promeuvent dans leur groupe et par leurs actions pour encourager les autres à faire, penser, valoriser ou être quelque chose qu'ils n'avaient peut-être pas souhaité faire, penser ou devenir avant leur intervention. L'objectif du leader est d'influencer les suiveurs – les transformer – pour qu'ils acceptent ses valeurs – ou ses normes sur ce que sont des objectifs atteignables, des comportements et une conduite souhaitable – comme les leurs. C'est une tâche de transformation de vie [2]. »

Il s'agit bien ici d'une épiphanie, une révélation qui va à tout jamais transformer l'être. Pour mémoire, citons le texte célèbre de Paul Claudel, décrivant sa conversion à la religion durant les vêpres de Noël 1886, à Notre-Dame : « J'étais moi debout dans la foule, près du second pilier à l'entrée du chœur à droite du côté de la sacristie. Et c'est alors que se produisit l'événement qui domine toute ma vie. En un instant, mon cœur fut touché et JE CRUS. Je crus, d'une telle force d'adhésion, d'un tel soulève-

1. Malebranche, *De la recherche de la vérité*, Livre III, IIe partie, chapitre V.

2. Gilbert W. Fairholm, *The Techniques of Inner Leadership : Making Inner Leadership Work*, Greenwood Press, 2003.

ment de tout mon être, d'une conviction si puissante, d'une telle certitude ne laissant place à aucune espèce de doute, que, depuis, tous les livres, tous les raisonnements, tous les hasards d'une vie agitée n'ont pu ébranler ma foi, ni, à vrai dire, la toucher. J'avais eu tout à coup le sentiment déchirant de l'innocence, l'éternelle enfance de Dieu, une révélation ineffable [1]. »

Grâce à vous, à votre contact avec ce qui dépasse l'individu, avec le sens qui peut enfin emplir une vie à travers la révélation de l'entreprise, vos employés peuvent accomplir leur conversion. Que la vision soit le reflet d'une vérité importe peu. Nous avons vu avec le concept de dissonance cognitive qu'une croyance démentie par les faits ne perdait pas de sa force, bien au contraire. Dans le cas des sectes, que le gourou soit de bonne foi ou intéressé uniquement par le pouvoir et l'argent ne semble pas causer de différences notables dans la dévotion des fidèles, ni peut-être dans l'intensité de leur extase religieuse.

Pour continuer dans ce sens, il y a, englobante, dans la révélation religieuse, l'idée indissociable du sacrifice. Dès que la révélation frappe un homme, son individualité se dissout, il commence à appartenir à une existence bien plus grande que la sienne. Il ne peut alors que se sacrifier à la grandeur révélée. Le sacrifice, « faire un acte sacré », est devenu synonyme de souffrance et, réellement, l'abandon de soi provoque la souffrance morale, voire physique de l'ego. C'est une idée que nous acceptons comme le signe clair d'une accession à un destin supérieur. Sainte Catherine de Sienne, transcrivant les paroles de Dieu dans le *Livre des Dialogues*, témoigne que nous devons chercher la souffrance : « Bien agréable est pour moi ce désir que tu as de vouloir endurer tant de souffrances et tant de peines, jusqu'à en mourir, pour le salut des âmes. [...] Songe qu'il est tellement uni à la parfaite patience cet amour de la divine charité qui est dans l'âme, qu'on ne peut briser l'un sans briser l'autre. C'est pourquoi, lorsque l'âme décide de m'aimer, elle doit décider aussi de supporter pour moi toutes les peines, de quelque manière, de quelque nature que je les lui concède. La patience ne se démontre que dans l'adversité et cette patience est unie à la charité, ainsi que nous l'avons dit. Supportez donc courageusement

1. Paul Claudel, *Ma conversion*, dans *Œuvres en prose*, Gallimard, Paris, 1965.

sinon vous ne montreriez pas que vous êtes (et d'ailleurs vous ne le seriez pas) les époux fidèles et les fils de ma vérité [1]. »

Ainsi, comme personnification de la révélation entrepreneuriale, vous avez le pouvoir de convaincre, de guider, de révéler, et de faire accepter à vos employés un quotidien pénible, l'offrande de leur individu à une réalité supérieure.

QUE VAUT LA LITTÉRATURE DU LEADERSHIP ?

Au début de son livre présentant les textes des grands spécialistes du leadership, Mark A. Thomas énumère les plus grands scandales de l'histoire entrepreneuriale récente : Enron, WorldCom, l'affaire des excédents de réserve de pétrole de Shell, Vivendi, ABB, Parmalat...

Il conclut ainsi cette longue liste : « Une étude plus poussée des entreprises dont nous venons de parler révélerait que la grande majorité d'entre elles avaient dépensé d'importantes sommes d'argent pour développer les notions de leadership auprès de leurs cadres. Beaucoup d'entre elles avaient envoyé leurs managers dans une école de business et dans de nombreux programmes de formation consacrés à ce sujet. Elles avaient fortement investi dans la mise en place de méthodologies complexes destinées à identifier et développer les talents de leadership. Elles avaient des codes de conduite concernant chaque aspect de leur activité – clients, service, gestion des employés et même éthique [2]. »

Cet auteur scie-t-il la branche sur laquelle il a bâti son commerce ? Que vient-il nous présenter les théories du leadership tout en nous avouant qu'elles semblent ne donner aucun résultat ? Bien qu'il aura ensuite toute latitude de rationaliser, il ne peut que reconnaître la vérité : il n'y a rien à gagner de toutes les théories du monde. C'est la personnalité, et l'expérience, qui bâtissent une façon d'être et d'agir valable dans toute « situation ». L'entreprise est un monde en mouvement, une structure qui comporte ses règles propres, qu'on apprend lorsqu'on y baigne, et non pas dans une théorie extérieure, académique. Les consultants qui écrivent les ouvrages de leadership et qui passent quelques jours ou quelques semaines en observation dans

1. Sainte Catherine de Sienne, *Le Livre des Dialogues*, Seuil, Paris, 2002, p. 42.

2. Mark A. Thomas, *Gurus on Leadership*, Thorogood, 2006, p. 17.

une entreprise pour optimiser ses processus ou coacher ses cadres, ne sont en aucun cas impliqués. Ont-ils l'habitude de la hiérarchie, du travail en équipe, des contraintes du salariat ? Non, ce sont des universitaires, ou des consultants, de solitaires érudits. Ils se comportent comme des sociologues ou des ethnologues, gardant une distance qu'ils estiment nécessaire à leur objectivité. Mais un ethnologue se permet-il de déclarer tout savoir d'une peuplade après seulement quelques jours d'observation ? Et se pique-t-il ensuite d'indiquer au peuple étudié, comment changer son comportement pour mieux atteindre ses objectifs de civilisation ? Aurait-il l'air ridicule ! Lui l'a bien compris : il faut se mêler aux gens, vivre avec eux, adopter leur mode de vie, pour comprendre ce qui fait l'essence de leur quotidien. Même Peter Drucker, le premier théoricien du management, celui qui a pratiquement inventé le domaine, reconnaît que cela ne s'apprend pas : « Rien ne peut remplacer le management. Mais le management ne peut créer des leaders. Il peut seulement créer les conditions dans lesquelles les potentialités de leadership se révèlent ; ou il peut étouffer ces potentialités [1]. »

Et même si les théories du leadership montraient quelque efficacité, auraient-elles valeur universelle ? Seraient-elles exemptes de toute perversion, de toute surprise ? Les expériences humaines ne se satisfont pas de causalité rigide. Elles sont riches de ressources et de souplesse, une richesse résumée par le mot « résilience », utilisé en psychologie comme en économie pour désigner la capacité d'un être humain ou d'un système, à rebondir face à l'adversité.

Mark A. Thomas trouve plus loin une échappatoire à la contradiction dans laquelle il s'est enfermé : un leader doit se baser sur des valeurs, sur la notion de comportement acceptable. C'est déjà ce que disait Peter Drucker, dans *Management*, en 1974 : « Le changement le plus important pour le management est que les aspirations, les valeurs, et en fin de compte la survie même de la société dans les pays développés dépendront des performances, des compétences, de la sincérité et des valeurs de ses managers. » En réalité, il ne fait rien d'autre que de dire, comme Kant, que la morale doit venir d'une raison impérieuse, qui n'est générée que par elle-même. Dans les *Fondements de la méta-*

1. Peter Drucker, *The Practice of Management*, HarperCollins, 1993.

physique des mœurs, Kant fixe pour la réflexion philosophique à venir, la question de la morale. La moralité consiste à n'accomplir d'action que si celle-ci peut se rapporter à une loi universelle. Ces lois universelles étant établies par la raison. Kant fait la différence entre les désirs et les inclinations de l'homme, qui ont une valeur marchande, et ce qui constitue une fin en soi, et qui a une valeur intrinsèque, ce qu'il appelle une « dignité ». La morale est donc ce qui est lié à une loi universelle, et se justifie par soi-même : un impératif catégorique. Cette moralité est appliquée par les actes d'une volonté autonome, qui n'est pas soumise aux désirs et aux besoins. En d'autres termes, la volonté doit juger elle-même, dans le fonctionnement seul de sa raison, sans se laisser influencer par des circonstances extérieures, pour établir les lois universelles de la morale, en toute autonomie et en toute liberté.

Un exemple de cette morale nous est donné par Jean-Pierre Le Goff, qui milite dans son livre *Les Illusions du management*, pour « le retour du bon sens » dans la fonction d'encadrement, au point de préconiser la défense de ses subordonnés auprès de sa hiérarchie. Il estime que « le courage de dire les choses à son supérieur hiérarchique ne va pas de soi en regard du souci de sa propre carrière et de la peur que le jugement porté sur soi soit négatif. Quand celui-ci demande d'effectuer des tâches dont vous savez pertinemment qu'il n'est pas possible de les réaliser, à cause notamment de la surcharge de travail, il faut oser le lui dire. “Il faut savoir dire non.” Il en va de même lorsqu'il y a désaccord sur un jugement porté sur les subordonnés : “Un manager doit savoir défendre son équipe auprès de sa propre hiérarchie.” La juste défense de ceux que l'on dirige constitue un principe décisif de cette éthique en situation. Dans ce domaine, il est des lâchetés qui sapent profondément la confiance et qu'on ne pardonne pas si facilement [1] ».

Sur le papier, ce raisonnement est d'une grande noblesse. Il fait briller une fois de plus les vertus de la grandeur d'âme, du sacrifice religieux dans l'abnégation. Or rien de concret ne supporte la valeur du dévouement. Une entreprise qui ne songe pas à son propre profit meurt purement et simplement. Se sacrifier garantit-il une vie meilleure à ceux qui restent ? Rarement, et en

1. Jean-Pierre Le Goff, *Les Illusions du management*, La Découverte, Paris, 2000, p. 91.

tout cas pas automatiquement. En quoi défendre des valeurs nous permet-il d'atteindre une position en société qui nous octroiera le pouvoir de les faire appliquer à tous, seule garantie de leur impact ? Cette forme de pensée est simplement illusoire, et nous, qui vivons ou avons vécu de l'intérieur le monde de l'entreprise, nous le savons bien. Quand on lit, ci-dessus, que les lâchetés « sapent la confiance », une fois encore, ne nous trompons pas de cible : il faut savoir de qui on veut gagner la confiance : celle de nos subordonnés, ou celle de nos supérieurs. Dans un modèle démocratique où les élites sont désignées par le peuple, c'est la confiance de tout le monde qu'il faut conquérir, mais dans une structure hiérarchique comme celle de l'entreprise, en quoi la confiance du peuple est-elle d'une quelconque utilité ?

La démarche de Jean-Pierre Le Goff est par ailleurs intéressante. Dans son petit livre, il élabore une nouvelle manière de préparer les managers à leur tâche : reconnaissance des compétences réellement nécessaires sur le terrain, diminution de l'importance des enseignements de pure technique managériale, dont il reconnaît, comme toute personne éveillée, l'inutilité, pour les remplacer par une vraie formation de culture générale. Bref, apprendre à vivre, en contact avec le réel, à l'aide d'un bagage qui aide à comprendre qui sont les humains et quelles sont les réalités du travail, de l'entreprise, des communautés humaines, voilà qui est bien plus utile que les méthodologies rigides toujours à côté, toujours vaincues, comme désarmées devant un virus en perpétuelle mutation. C'est exactement ce que nous vous proposons ici. Devenir manager est comme devenir un homme : on n'y parvient pas par la soumission aux règles artificielles des doctes, mais en se déniaisant, tout simplement.

Nous vous apprenons à être sur vos gardes, voilà ce qui importe : être prêt à tout, surtout au pire. Nous vous indiquons aussi ce qui nous paraît le plus important : savoir qui vous êtes, quel rôle vous jouez, et dans quel esprit vous devez rester pour assurer votre réussite. À cette condition, vous aurez en main les cartes nécessaires.

Par état d'esprit, nous n'entendons pas état interne. Il y a un courant de la littérature sur le leadership qui se concentre sur l'état interne (*inner state*) du leader. Par exemple, Daniel Goleman, un psychologue et consultant américain, a développé le concept maintenant célèbre de l'intelligence émotionnelle. Il postule qu'une des principales qualités d'un bon leader est sa capacité à reconnaître la façon dont il réagit émotionnellement aux situations, et quelles sont les émotions qu'il fait naître chez ses collaborateurs. Il professe donc la connaissance de soi et l'empathie comme voies pour améliorer ses qualités de leader.

De son côté, Manfred Kets de Vries, un universitaire et psychanalyste hollandais, a appliqué le modèle psychanalytique au leadership, et en analyse les côtés sombres et irrationnels. Il affirme notamment que les managers qui manquent d'estime de soi et sont à la recherche de leur identité ont tendance à dissimuler le sentiment de leur illégitimité par une surcharge de travail [1]. C'est là une observation profonde. Nous avons vu comment vous devez montrer que vous travaillez beaucoup, parce que cela impressionne et pose votre légitimité. Quant à le faire réellement, laissez cela à ceux qui se cherchent encore.

Ces approches sont classiquement positives et intrapsychiques. Elles considèrent qu'en se changeant soi-même, l'individu modifie son comportement et influence différemment son milieu. C'est en quelque sort la relation du microcosme au macrocosme. Nous avons vu comment l'école de Palo Alto a apporté une alternative à cette hypothèse intrapsychique, en prenant en compte les interactions entre les individus, et en mettant en avant l'importance des influences relationnelles.

Changer votre état d'esprit n'est pas nécessaire à votre ascension en tant que manager, mais simplement à votre capacité de profiter de votre position. Ce que vous ressentez vous est utile à vous, pas aux autres. Votre influence sur votre entourage sera naturellement amenée par votre rang, et par les techniques relationnelles que nous vous présentons dans cet ouvrage. Les interactions se bâtissent parfois d'elles-mêmes, et parfois laisser un vide crée chez vos interlocuteurs le besoin de le remplir de leurs propres fantasmes. Ne cherchez pas forcément un leadership volontariste, laissez le terrain sur lequel vous évoluez se façonner à votre avantage, autour des graines que vous y plantez.

1. Ironiquement, cette remarque provient d'un homme qui cumule les postes d'enseignant dans plusieurs universités, une pratique de psychanalyste, l'écriture de livres et d'articles et une activité de consultant en entreprise.

LES STYLES DE LEADERSHIP : UNE REMISE EN QUESTION PRAGMATIQUE

Les théories de la motivation au travail ont évolué. Après l'OST et l'école des relations humaines, les chercheurs en management et les psychologues sociaux ont cherché à savoir ce qui permet de reconnaître un bon leader d'un mauvais, et plus précisément quelles sont les qualités de leadership. Ils ont établi une classification connue sous le terme de « styles de leadership ».

Bien que vertueuse, cette approche a comme effet d'être trop systémique, et prend peu en compte les bienfaits que le leadership apporte au leader lui-même. Ses approches privilégient l'efficience du manager par rapport aux objectifs de l'organisation plutôt que les avantages que peut comporter chaque style pour le manager lui-même et la gestion de sa carrière. Les salariés se plaignent à juste titre que les théories du management les laissent sur le carreau, mais vous aussi pouvez prendre vos distances lorsqu'elles ne représentent pas une réponse viable à vos objectifs personnels.

Une théorie à la mode est celle du paradigme « leadership transactionnel et leadership transformationnel ». Bien que pleine de bonne volonté, elle peut selon les cas se révéler dangereuse pour vous.

A priori, la théorie du leadership transformationnel semble raisonnable. Les études menées sur le sujet ont amené à constater qu'elle contribue à renforcer la confiance des suiveurs en eux-mêmes et en leur leader, à l'engagement envers l'organisation, à la cohésion du groupe et à la satisfaction au travail [1]. Elle identifie plusieurs qualités des managers qui incitent les employés à transcender leurs intérêts personnels et à acquérir de nouvelles valeurs professionnelles [2].

Le leadership transactionnel représente la méthode du management traditionnel, formalisé, où le leader récompense ou punit son subordonné selon ses efforts et la qualité de son travail. Cette relation ne se pose pas la question d'une influence plus profonde sur les individus autre qu'un lien hiérarchique instrumental et une évaluation basée sur des objectifs de production mesurables à un niveau simple et direct.

1. Peter Bradley et Danielle Charbonneau, « Le leadership transformationnel : au carrefour de l'ancien et du nouveau », *Revue militaire canadienne* 5 (1, 2004). journal.forces.gc.ca.

2. Bernard Bass, *The Ethics of Transformational Leadership*, Sage, 1997.

LE MODÈLE DU LEADERSHIP TRANSFORMATIONNEL

Le modèle du leadership transformationnel introduit le concept d'un leadership qui transforme, qui amène aux subordonnés la voie du changement, au lieu de les laisser se changer eux-mêmes pour répondre aux attentes de l'entreprise. Quatre facteurs, quatre types de comportements y sont identifiés comme transformationnels :

- le charisme, ou influence idéalisée, permet au leader de faire figure de modèle et d'inspirer le respect ;
- la motivation stimulante, la vision : le leader propose un idéal que les suiveurs désirent atteindre, et qui les pousse à se dépasser ;
- la stimulation intellectuelle : le leader permet aux suiveurs de trouver eux-mêmes les solutions, de se prendre en charge et de se développer potentiellement en tant que leaders ;
- l'appréciation individualisée : le leader trouve le temps de travailler en tête à tête avec ses subordonnés, pour leur amener conseils et encouragements personnalisés.

À la lecture de ces éléments, vous aurez sans doute déjà compris pourquoi ce modèle pose problème. Détaillons point par point.

LE CHARISME

La notion de charisme implique une qualité de l'individu qui *a priori* semble plus innée qu'acquise. Certes, les coaches et les formateurs prétendent que le charisme peut s'apprendre, mais nous constatons plutôt que cela découle naturellement d'une personnalité qui s'affirme. Comme le charisme est indéniablement utile pour votre carrière, si vous vous en sentez dépourvus, travaillez-y. Mais contrairement aux opinions des chercheurs, et plus pragmatiquement, le charisme doit s'exercer à destination de vos supérieurs plus que de vos subordonnés. Ce sont les premiers qui doivent être convaincus, motivés. En réalité, vos suiveurs doivent être vos supérieurs, non vos employés. Ce sont vos supérieurs qui ont le pouvoir de vous apporter quelque chose. Vos subordonnés doivent être gérés, maintenus dans leur condition pour assurer une quantité raisonnable de travail, ce qu'ils ont d'ailleurs tendance à faire naturellement, sans qu'il soit nécessaire de déployer des artifices compliqués. Afin d'assurer votre protection, vous devez donner à vos supérieurs l'impression que vos subordonnés sont potentiellement instables – même dangereux pour les plus individualistes – et que vos qualités de manager permettent de les canaliser. Cela alimente la confiance et l'appréciation de la hiérarchie, dont vous avez besoin pour évoluer dans votre carrière. Au contraire, les chimères de la qualité transformationnelle vous rendent plus vulnérable aux critiques et au mécontentement de vos subordonnés.

LA MOTIVATION STIMULANTE

La motivation stimulante n'est pas en soi mauvaise, mais elle doit être pratiquée avec circonspection. Votre objectif étant d'insérer l'individu dans l'entreprise, vous devez proposer cette dernière comme un idéal, de production, de marque, de consommation, de profit. Or ce genre d'idéal ne va pas forcément de soi pour le travailleur. Les études montrent que la centralité du travail chez l'employé est en baisse, en d'autres termes que le travail est de moins de moins un élément déterminant de l'évolution. L'émergence d'une société de loisirs y contribue. Le travail devient un fardeau nécessaire à l'accumulation de biens et de ressources pour consommer des loisirs. Également, la culture, la famille, certaines activités prennent le pas sur le travail comme perspective de transformation. Face à ce phénomène, deux approches sont possibles : vous pouvez pousser plus encore le cadre professionnel comme idéal en mettant en place une idéologie constructive et en profitant de mécanismes de déplacement, ou vous pouvez agir à l'opposé, en appuyant sur la crainte du chômage, qui est un levier de choix pour balancer la baisse de centralité. Cela vous permet de prendre en compte la dualité de la motivation : pour atteindre une satisfaction, ou pour éviter une souffrance.

La société vit actuellement sous l'influence de la peur du chômage, qu'on décrit avec le vocabulaire des grandes épidémies du Moyen Âge. On nous présente la vie des individus tenue au fil délicat d'un poste de travail de plus en plus incertain, ce qu'on appelle la précarité, ce qui génère une angoisse de perdre son emploi et de se retrouver sans ressource.

Dans une étude réalisée en juillet 2000, pour l'ANPE, par l'Observatoire sociologique du changement, l'équipe de sociologues établit cette constatation : « Ce résultat semble suggérer que la question des effets subjectifs du chômage est essentiellement associée à la représentation de soi résultant de la privation d'emploi. L'image qu'a d'elle-même la personne privée d'emploi est fortement affectée par la norme du travail d'une part, par l'idée que se fait le chômeur du regard des autres sur sa situation d'autre part. Les résultats de l'enquête montrent donc que ces aspects normatifs jouent toujours fortement et qu'ils sont relativement indépendants des conditions objectives de vie des chômeurs exception faite de la durée de chômage. On peut comprendre en effet facilement que les effets subjectifs de la stigmatisation s'intensifient à mesure que la situation de chômage se prolonge [1]. »

L'influence qu'a la situation du chômage sur celui qui la subit est donc toujours très importante : « Certains considèrent que leur vie a été bouleversée par le chômage, tandis que d'autres estiment que ses conséquences sont de faible ampleur. Les premiers paraissent encore assez largement majoritaires : au moins le sont-ils dans notre échantillon, puisque 63 % des personnes interrogées déclarent que le fait d'avoir connu le chômage a changé leur vie (ce qui est une déclaration assez forte) [2]. »

Mais le chômage n'est pas vécu comme pénible exclusivement par ceux qui en sont touchés. Par un effet de propagation, les salariés sont affectés par la peur de basculer – pour utiliser la terminologie consacrée – dans le chômage, la précarité, la misère...

Rappelons pour l'anecdote que « précaire » vient du latin juridique *precarius* qui signifie « obtenu par la prière », lui-même déviré de *precari*, « prier, demander en priant ».

Nous savons également que pratiquement la moitié des Français craint, ou en tout cas croit possible, de se retrouver SDF. Citons un article du quotidien *Libération* du jeudi 7 décembre 2006 : « C'est le portrait d'une France ayant intériorisé l'exclusion et les craintes qu'elle inspire à chacun que dresse en creux un sondage BVA – Emmaüs – L'Humanité – La Vie, portant sur la question cruciale des sans-abri. À la question : "Pensez-vous que vous puissiez devenir un jour SDF ?", près de la moitié (48 %)

1. Alain Degenne et Marie-Odile Lebeaux, « Les chômeurs et le chômage – Une enquête exploratoire », juillet 2000, anpe.fr.

2. *Ibid.*, p. 10.

des personnes questionnées répond : “Oui, cela pourrait m’arriver” ou “Oui, c’est très possible” [1]. »

Vous voyez que la crainte du chômage reste une arme puissante entre vos mains, pour faire accepter à vos employés les normes de production et de conduite propres à l’entreprise. C’est une forme de motivation en creux.

Dans la démarche positive, vous pouvez utiliser plusieurs subterfuges. Tablez par exemple sur le prestige de l’entreprise. Si celle-ci est réputée, son nom bien connu, l’employé aura le sentiment d’acquérir un statut social simplement du fait d’avoir été engagé. Un exemple est donné par une scène du film documentaire de Frederic Wiseman, *The Store*, où un groupe d’acheteurs d’un grand magasin chic de Dallas, équivalant à peu près à nos Galeries Lafayette, évoque les réactions en société lorsqu’ils annoncent travailler pour la marque, et leur fierté de voir les visages admiratifs de leurs interlocuteurs. Même, disent-ils, l’employé le plus obscur, l’assistante comptable d’une succursale éloignée, divulgue avec plus de satisfaction l’identité de son employeur que le cadre supérieur d’une chaîne de supermarchés concurrente.

Bien sûr, cela ne jouera en votre faveur que si votre entreprise jouit d’une réputation réelle. Quoi qu’il en soit, il est de votre devoir, comme de votre intérêt, de présenter à tout moment votre compagnie comme conquérante, en pleine croissance, évidemment leader sur son marché, et d’embrasser pleinement cette religion, en infatigable prosélyte. C’est l’essence de votre rôle et rien ne devra vous en détourner. N’attendez pas toutefois que vos subordonnés soient dès le départ charmés par ce discours au point d’occulter la réalité extérieure. Répétez, soyez inamovible, tablez sur leur mécanisme de déni, ne baissez pas les bras.

Par contre, si la réputation de votre entreprise n’atteint pas le niveau souhaité, vous pouvez encore jouer sur l’intitulé du poste de vos subordonnés, en substitut de statut social. Les titres ronflants, honorifiques permettent de les satisfaire à moindre coût. Cette approche a néanmoins des inconvénients : elle habitue vos employés à une sensation d’amélioration de leur statut pouvant les motiver à entrer en compétition avec vous, ou, ce qui est un

1. Tonino Serafini, « Devenir SDF : la moitié des Français pensent ne pas être à l’abri », *Libération*, 7 décembre 2006.

moindre mal, à chercher un poste plus valorisant dans une entreprise concurrente, de plus haut prestige. Si leurs titres évoluent sans que le vôtre suive, cela vous prive également d'une forte distance nominale entre vous et vos subordonnés. Le titre qui doit évoluer en priorité est bien sûr le vôtre.

C'est là où se cristallisent les problèmes de la motivation stimulante. Motiver vos subordonnés est une bonne chose car, en améliorant leur productivité, vous lustrez naturellement vos qualités de manager. Mais le subordonné doit rester bien au fait de sa place dans la hiérarchie. Il ne doit y avoir aucune ambiguïté sur ce fait. Vous restez la pierre angulaire, vous êtes le penseur, le maître, et la stimulation doit se faire dans ce cadre seulement.

Toujours dans le cas d'une entreprise à la réputation douteuse, vous avez la possibilité d'utiliser ce que nous appellerons des mécanismes de déplacement, pour produire un effet similaire à la fierté. En un mot, cela consiste à rendre l'entreprise attrayante par son offre salariale, sociale ou humaine. Nous avons vu les limites et dangers de la rémunération. Mais il y a d'autres moyens de convaincre, par exemple amener votre subordonné à croire qu'il travaille dans une entreprise moderne, qui défend certaines valeurs. Vous pouvez également mettre en avant des méthodes de gestion du personnel progressistes, ou des outils de développement personnel comme le coaching, le massage, la sieste, tout ce qui vous permettra de lier dans l'esprit de vos subordonnés l'entreprise avec le soin apporté à leur individu.

Dans son livre consacré aux pratiques de développement personnel dans le cadre professionnel, Valérie Brunel écrit : « Dans leurs plaquettes de recrutement et plus largement dans leurs discours institutionnels, nombre d'entreprises se positionnent aujourd'hui comme des lieux de développement personnel. Elles s'attachent à créer chez leurs salariés le sentiment que leur appartenance à l'organisation va leur permettre une croissance professionnelle et personnelle. Leurs dispositifs managériaux font vivre ce sentiment par des processus d'évaluation-sanction individualisés et ambitieux. Ce faisant, ces entreprises s'appuient sur la formation d'un “contrat narcissique” entre l'individu et l'organisation. Par ce pacte initial, l'imaginaire proposé par l'organisation, à travers son image, ses valeurs et son discours institutionnel, vient accrocher un imaginaire individuel.

Ce contrat de départ est dit narcissique en ce qu'il intègre un investissement de la libido sur soi, voire un fantasme de "maximisation de soi" lorsque l'entreprise mise sur l'excellence. Par ce contrat narcissique, l'entreprise apporte une réponse à la quête d'expansion de soi, elle apparaît comme un système pourvoyeur de progression professionnelle et personnelle [1]. » Cette méthode de déplacement n'est pas à négliger pour sa capacité à compenser les lacunes inhérentes à la direction de l'entreprise : absence d'orientation, déni de responsabilité, projet sans réelle gestion. Quand un train est bloqué en pleine voie, il est plus agréable de patienter en première classe avec un service personnalisé, qu'en seconde à proximité d'enfants qui hurlent, même si, dans l'absolu, le train est toujours bloqué.

Tout mouvement en direction d'un entrelacement plus serré entre vie privée et vie professionnelle est bon, car il diminue la résistance de vos subordonnés. On ne lutte pas contre sa propre vie. Les concepts d'aide à la personne et de conciergerie d'entreprise vous permettront de gommer plus fortement les frontières : « Les conciergeries d'entreprise ou conciergeries interentreprises représentent une niche économique [...]. Né dans les pays anglo-saxons, le concept a été importé en France ces dernières années par plusieurs sociétés pionnières qui connaissent en général une forte croissance. [...]. Selon les besoins et la nature de l'entreprise, l'objectif est de proposer des prestations de service sur le lieu de travail par le biais d'une conciergerie. Installée au sein même de l'entreprise, de l'immeuble ou de la zone d'activité, la conciergerie offre un large choix de services en faisant appel à des prestataires de services externes [...].

« Il y a un an, le 7 mars 2006, le bureau de Deloitte à Lyon (cabinet d'audit) inaugurait sa conciergerie. Dans un espace situé au cœur de l'entreprise, exclusivement dédié au service à la personne, les quelque 180 collaborateurs de Deloitte et d'In Extenso bénéficient d'un bouquet de services du Pratique (pressing, repassage, retouches, cordonnerie, entretien véhicule, pharmacie, travaux photo...) à l'Utile (aide au logement, services domestiques : baby-sitting, soutien scolaire, femme de ménage, et organisation de réceptions), en passant par le bien-être (coiffure,

1. Valérie Brunel, *Les Managers de l'âme*, La Découverte, Paris, 2004, p. 134.

soins esthétiques et massages) et les services Plus (livraisons de fleurs, vins/champagne, épicerie fine, alimentation) [1]. »

Comme vous introduisez la vie privée dans le temps et le lieu de l'entreprise, pour terminer le mélange, faites largement déborder le travail dans tous les temps et lieux de l'employé. Comme on le sait, l'ordinateur et le téléphone portables sont d'excellents moyens de le conserver au travail en permanence, où qu'il soit. Convoquer dans le contexte professionnel des activités traditionnellement réservées à la sphère privée aide aussi à flouter les séparations. Tout ce mouvement, en diminuant les frontières, permet à l'employé d'intégrer seul ses contraintes de travail, de se contrôler et de se motiver lui-même. Cela crée une bien meilleure productivité, et une dépendance plus forte. Si les objectifs personnels sont intégrés aux objectifs de l'entreprise, naturellement, les objectifs de l'entreprise deviennent des objectifs personnels.

LA STIMULATION INTELLECTUELLE

Dans l'idéal, vous ne souhaitez pas que vos subordonnés prennent trop d'initiatives, parce que vous ne voulez pas les voir briller plus fort que vous. D'autant plus que, s'ils se sentent lésés, vous courez le risque qu'ils aillent à l'encontre de vos plans. Pour éviter cela, vous devez maîtriser la communication et assurer un contrôle absolu de leurs tâches.

Nous avons déjà parlé de la maîtrise des canaux de communication, qui vous permet de filtrer tout message qu'un de vos subordonnés pourrait vouloir faire passer à la hiérarchie. Dans le cadre de la stimulation intellectuelle, cela consiste également à pouvoir présenter leurs initiatives comme vôtres.

Il est important de vous attribuer le travail effectué par vos subordonnés et la paternité de leurs idées. D'abord parce qu'il serait désolant que cela leur profite plus, à eux qui n'ont rien de précis à en attendre, qu'à vous qui pouvez vous en servir pour améliorer vos perspectives de carrière, votre rayonnement et votre influence. Ensuite parce que vous pouvez vous trouver dans la situation délicate d'une hiérarchie qui vous demande des réponses, des solutions, et qu'il serait pour la même raison

1. Millenaire3, « Quand les temps professionnels et personnels s'entrechoquent dans la ville », millenaire3.com.

imprudent de laisser voir qu'un de vos subordonnés a réussi mieux que vous à dénouer le problème. Il s'agit après tout des circonstances naturelles de la compétition. La systématisation de cette pratique vous permettra de vous afficher comme un homme fiable, créatif et innovant, toujours à l'affût, aux multiples talents et aux impressionnantes capacités de travail. Moins la communication directe entre vos subordonnés et votre hiérarchie est aisée, plus vous pouvez utiliser cette méthode. Vos employés n'auront pas la possibilité de rétablir leur participation véritable. Cerise sur le gâteau, cela vous permet également de rappeler sa place et son statut à l'employé, tout en renforçant votre aura et votre position.

L'APPRÉCIATION INDIVIDUALISÉE

Les appréciations individualisées, en termes simples, les entretiens en tête à tête, sont bien entendu nécessaires. Mais cela n'a rien à voir avec des « encouragements personnalisés ». Cela vous donne l'occasion de rappeler à votre employé ses devoirs, et surtout sa place réelle. Les objectifs sont revus, analysés, et rien ne doit être négligé. C'est lors de ces entretiens que vous aurez à utiliser le plus votre capacité de reformulation. Vous devez redonner le sens réel des réalisations et des attentes de votre subordonné, le recadrer dans l'esprit de l'entreprise, lui répéter, indirectement, quelle est sa place, et prévenir toute tentative de rébellion ou de débordement. Si des questions vous sont posées, vous ne devez jamais donner aucune information qu'il ne pourrait déjà obtenir d'une autre source. Ne révélez bien sûr jamais aucune difficulté, qu'elle vous soit personnelle ou qu'elle touche l'entreprise. Par exemple, si la société est en difficulté, indiquez qu'elle se recentre sur son corps de métier, et qu'elle relève de nouveaux défis. Expliquez que vous vous engagez corps et âme dans ce regain d'activité, même si vous cherchez du travail ailleurs. Vous êtes, ici comme partout, le messager fidèle de l'entreprise, un porte-parole presque transparent. Vous devez parler à votre employé comme s'il n'était intéressé que par elle. N'abordez pas le sujet de sa vie privée, ou en tout cas ne lui reconnaissez pas une valeur propre. Communiquez avec lui comme s'il était cofondateur de la société, comme si c'était la fierté de sa vie, et qu'il était passionné par chaque détail de sa réussite organisationnelle.

LES LEVIERS PSYCHIQUES

Pour convaincre, faire passer cette primauté, cette omniprésence de l'entreprise, vous pouvez vous baser sur ce que le psychosociologue Serge Tchakhotine dans son important ouvrage *Le Viol des foules par la propagande politique*, et reprenant des travaux effectués par Clyde Miller, a nommé les leviers psychiques. Ce sont des mots déclencheurs de réaction, dont l'usage permet de provoquer des réponses émotionnelles chez votre interlocuteur, dans le but de le faire adhérer à votre propos :

« De ces mots et symboles-déclencheurs, qu'il [Clyde Miller] nomme aussi des stratagèmes ou dispositifs (*devices*) et que nous préférions nommer des leviers psychiques, il distingue quatre groupes :

« 1. leviers d'adhésion ou acceptation (il les nomme *"Virtue" device* – leviers de "vertu") : leur but est de faire accepter des personnes, des choses ou des idées, en les associant avec des mots ou des symboles tenus pour "bons", par exemple : "démocratie", "liberté", "justice", "patrie", etc.

« 2. leviers de rejet (*"Poison" device*) avec le but de faire rejeter certaines idées, personnes, etc., en les associant avec des "mauvais" mots, symboles et actes, qui font appel à la peur, au dégoût, etc., par exemple : "guerre", "mort", "fascisme", "immoral", etc.

« 3. leviers d'autorité ou de témoignage (*"Testimonial" device*) : dans ce cas est employée la voix de l'expérience, de connaissance, d'autorité, qui cherche à nous faire approuver et accepter ou désapprouver et rejeter des personnes, des choses ou des idées. Ils s'appuient sur le témoignage, l'avis des personnes bien connues, d'institutions, etc. ; ou aussi indiquent-ils des "exemples horrifiques" ou, au contraire, "méritoires" ; des exemples de tels mots sont : Roosevelt, Lénine, Science, Dieu, etc.

« 4. leviers de conformisation (*"Together" device*) : par ceux-là on cherche à faire accepter ou rejeter des personnes, idées, etc., énoncées dans les trois cas ci-dessus, en faisant appel à la solidarité, à la pression des émotions ou des actions collectives, surtout de masse. Ce levier s'applique surtout pour gagner les masses. Des exemples de tels mots sont : "Chrétienté", "L'union c'est la force", "Deutschland über alles" (slogan de Hitler) [1]. »

1. Serge Tchakhotine, *Le Viol des foules par la propagande politique*, Gallimard, Paris, 1992, p. 105.

Les exemples fournis sont adaptés au propos de Tchakhotine, qui est la propagande politique, mais dans votre communication auprès de vos employés, les techniques sont rigoureusement les mêmes. Vos leviers d'adhésion seront des mots comme « succès », « profit », « satisfaction du client », « qualité »... Vous pouvez utiliser le rejet : « crise », « chômage », « ralentissement de l'activité », ou l'autorité, en mentionnant vos dirigeants, des patrons célèbres, ou tout personnage politique. La primauté de l'entreprise et du système financier est aujourd'hui suffisamment dominante pour générer sans aide extérieure une autorité naturelle indéniable, qui fait à la fois office de levier de témoignage, et de levier de conformisation.

Bien sûr, vous ne pouvez vous contenter de parler. Pour la forme, vous devez aussi écouter. Cela vous sera peut-être utile pour détecter tout signe d'initiative personnelle ou d'action dissimulée, mais ne vous fiez pas au contenu de ses paroles. Généralement l'employé intelligent ne vous considère plus comme un interlocuteur valable. Il ne vous fait plus confiance en rien, et juge donc inutile de vous délivrer quelque information que ce soit, ni même quelque doléance douloureuse. Il sait que cela ne servira à rien.

S'il se plaint ou vous fait des reproches, feignez la surprise totale. N'acquiescez jamais à ses critiques, expliquez-lui qu'il ne comprend pas tous les efforts que vous faites, n'oubliez pas de lui répéter qu'il ne peut pas voir tous les éléments du fait de son manque de vision globale, et mettez en doute son objectivité. Comme d'habitude, ne cédez aucun millimètre de terrain, ne validez aucune de ses remarques. Votre inamovibilité le fera soit douter, soit abandonner. Dans l'idéal, le résultat doit être un véritable dialogue de sourds, car vous n'avez aucun intérêt à prendre en compte ce qu'il vous dit, et vous ne devez lui donner aucune information tangible qui pourrait l'intéresser ou lui fournir des leviers pour vous mettre en difficulté.

Si vous devez menacer directement un employé, c'est durant un entretien individuel, et uniquement à ce moment, que vous pourrez le faire. Une absence totale de témoin est indispensable. Il ne doit en rester aucune trace, seulement votre parole contre la sienne.

Est-ce dangereux pour vous ? En août 2007, l'agence de presse Reuters a publié une information transmise par des chercheurs de la Bond University, en Australie. Ceux-ci ont organisé un sondage sur le site Internet de l'université, afin de juger des pratiques de management. Ils constatent que : « Près des deux-tiers des 240 personnes interrogées pour cette étude en ligne ont déclaré que la personne la plus tyrannique sur leur lieu de travail n'était jamais blâmée ou, pire, avait été promue pour son sens de l'autorité [1]. » Ne vous inquiétez donc de rien, vous êtes sur la bonne voie.

Ne lui donnez aucune gratification réelle, aucune récompense tangible. Proposez-lui de nouveaux défis, des engagements plus poussés dans le système de l'entreprise, de nouvelles évaluations ou des moyens supplémentaires d'autocontrôle, que vous présenterez toujours comme des opportunités et des privilèges. Les seuls avantages que vous pourrez considérer favorablement sont l'augmentation de salaire ou la promotion factice.

L'augmentation de salaire devra être présentée comme difficile, délicate et dépendante des résultats de l'employé. Arguez toujours que vous n'êtes pas celui qui juge en dernière instance, et que vous allez en parler à vos supérieurs. Cela dépend entièrement d'eux. Faites en sorte de vous garantir les efforts de votre employé, et de ne donner aucune promesse d'augmentation. Plus tard, si vous en touchez un mot à vos supérieurs, faites-le avec la réserve et le détachement nécessaires. Ne luttez pas pour cela, vous n'avez rien à y gagner.

La promotion peut être envisagée tant qu'elle est factice. En d'autres termes, vous avez deux options pour promouvoir un employé : lui donner un titre honorifique dont la seule vraie conséquence sera une réimpression de cartes de visite, ou en faire un chef de projet, un lieutenant pour faire tampon entre vous et vos subordonnés. Ces lieutenants doivent être sélectionnés avec circonspection.

CHOISIR SES LIEUTENANTS

Il est important que vous appreniez à bien vous entourer. Par « bien vous entourer », il ne faut bien sûr pas entendre recruter aveuglément des gens de qualité, compétents et dynamiques, cela crée une concurrence néfaste pour votre position et votre

1. R. Breitman, « Les mauvais chefs seraient toujours promus, jamais punis », *Yahoo ! Actualités*, 3 août 2007.

carrière. L'histoire politique a montré maintes fois combien il était imprudent d'avoir à ses côtés des lieutenants intelligents.

Votre premier critère de choix sera l'absence d'ambition. Plus votre lieutenant sera effacé, moins les manipulations politiques auront de l'intérêt pour lui, plus vous vous assurerez une vie tranquille. Idéalement, vous le choisirez avec une propension plus poussée pour la technique ou l'exercice de sa tâche que pour la gestion des hommes et des projets. Il serait dangereux de privilégier quelqu'un qui apprécie le contact avec les équipes et s'intéresse trop à la façon de bien gérer un projet. Il pourrait se liguer contre vous ou réaliser des progrès ou des alliances sans que vous vous en aperceviez, ce qui romprait le principe de maîtrise de l'information dont nous avons déjà souligné l'importance. Vous le voudrez donc naturellement enclin à respecter l'autorité. Pour vous assurer d'un plus grand détachement si vous avez un lieutenant un peu trop impliqué, vous pourrez, selon le principe de rémunération déjà abordé, augmenter son salaire. Toutefois, il est déconseillé d'augmenter la rémunération et d'attribuer une promotion en même temps. Cela peut avoir l'effet de lui donner goût à l'amélioration de sa situation, et le sentiment qu'il appartient un peu plus à votre univers, celui des managers. Ce n'est bien sûr pas votre souhait.

Donc, l'absence d'ambition et la passivité sont les qualités à rechercher. Vous devez privilégier les êtres les plus conformistes, les plus « normopathes ». Dans notre cas, il s'agira d'un être conciliant, doux, toujours d'humeur égale, soumis, idéalement effacé. Évitez les bons communicateurs ou les gens trop attirés par la relation humaine sous ses différentes facettes. Il doit chercher dans ses relations, en particulier ses relations professionnelles, une forme d'harmonie, et de façon plutôt passive que dynamique. Un rêveur par exemple, quelqu'un qui essaie d'échapper à la réalité, fait assez bien l'affaire.

Votre souci est de choisir ceux qui vont le plus complètement se plier à la tâche que vous leur assignez. Cela ne signifie bien sûr pas qu'ils vont l'apprécier, mais qu'ils se sentiront obligés, comme nous l'avons vu, de se motiver, de se contrôler pour l'exécuter efficacement. La propension naturelle n'est pas nécessaire. En choisissant des techniciens qui n'ont pas de goût pour la direction d'équipe, vous vous évitez une concurrence potentielle, et vous provoquez chez vos subordonnés une sympathie pour votre lieutenant – le sentiment qu'il fait partie de leur groupe – et certainement une forme d'agacement devant sa passivité de son conformisme. Ce qui l'isolera et le bloquera un peu plus dans l'accomplissement de son devoir.

Il est important que ce soit une personne à tendance positive, c'est-à-dire quelqu'un qui voit naturellement les situations sous un angle optimiste. Évitez les individus critiques, qui ont souvent des tendances à la rébellion. Ses intérêts doivent s'orienter vers le travail bien fait. Dans l'optimisme, une composante utile est la tendance à craindre les conflits et les problèmes, qui va le pousser à avoir un langage en général rassurant et conformiste, notamment en minimisant la difficulté et les injustices. En résumé, vous devez trouver des personnalités dans la tendance générale des résultats produits sur les compères des expériences de psychologie sociale citées précédemment. D'abord, en choisissant des individus qui se prêtent peu à ce rôle, vous générez une forte dissonance cognitive, ensuite, en privilégiant des caractères accommodants, vous vous assurez une réduction de cette dissonance dans le sens du rôle que vous voulez leur faire jouer.

Ces lieutenants auront donc tendance à obéir aux instructions que vous leur donnerez, par respect pour la hiérarchie et par évitement du conflit. Ils seront pris en étau entre vous et leur équipe, qui elle, aura plus tendance à accepter des instructions transmises par son intermédiaire, grâce à leur sympathie pour la personne. Ils constitueront de plus un exutoire pour les autres membres de l'équipe, qui déplaceront un peu de leur rancœur vers eux, leur déception étant exacerbée par le manque de combativité de ces chefs intermédiaires. Tout se tient.

A contrario, vous pourriez songer à sélectionner un élément difficile, bruyant, pour en faire un lieutenant, en comptant sur la prise de responsabilités, pour le faire s'assagir et l'isoler de ses camarades. Diviser pour régner. C'est une voie possible, mais à manier avec précaution. En général, les éléments coriaces doivent être muselés par la force. Au pire, il faut s'en débarrasser.

COMMENT VOUS DÉBARRASSER D'UN EMPLOYÉ

Un employé peut se révéler dérangeant principalement par son insoumission ou par le bruit qu'il fait. Vous ne pouvez risquer qu'un subordonné bruyant, qu'un idéalisme contrarié pousse à la révolte, soit entendu de vos supérieurs. En général, la capacité de nuire de tels éléments est à relativiser, car leur démarche souvent sauvage et anarchique, leur tempérament sanguin, même s'il peut parfois sembler sympathique, les excluent de la rationalité de l'entreprise.

Si votre emprise sur les équipes est bien organisée et si vous contrôlez la communication, le risque que représentent ces éléments est minimisé. Votre maîtrise provoquera une spirale bienvenue. Son effet coercitif exacerbera leur colère, et tandis que vous continuerez à agir de manière concertée, calculée, leur frustration se développera en crescendo et éclatera un jour, à leur détriment. Si par contre vos employés savent se maîtriser, ils opteront certainement pour les rapports écrits, les courriels, les manœuvres de cafétéria. Dans ce cas vos stratégies de protection tourneront, comme nous l'avons vu, autour de la maîtrise des canaux de communication et de la désinformation. Interceptez tout ce que vous pouvez, désamorcez à l'avance tout ce qui pourrait vous échapper en convainquant vos supérieurs qu'ils ont affaire à des individus certes doués, mais sauvages, inaptes au travail de groupe. Inventez-leur des défauts allant dans ce sens, pour montrer que vous les avez déjà repérés. Sous-entendez que leur attitude provoque des troubles permanents. Affirmez par exemple qu'ils dénigrent la qualité de travail de leurs collègues, manquent de respect envers tous, etc. Vous préparerez ainsi vos supérieurs à relativiser le contenu de leur discours et à se montrer plus critiques envers leurs démarches potentielles.

Bien sûr, votre travail de sape ne devra être en rien explicite. Ne montrez jamais un sentiment qui pourrait être interprété comme malveillant. Vous devez blâmer, exposer les failles, dans une intonation amicale et d'apparence laudatrice. Donnez l'impression d'apprécier les gens, et donc de regretter leur refus d'adopter une attitude plus appropriée. Connotez toujours de termes positifs, parce que l'art et l'essence du manager sont d'être profondément optimiste. Faites comme si l'aspect problématique ne constituait pas le point de focalisation de votre propos. Tout doit toujours aller dans le bon sens. Les défauts viendront comme des désagréments, des effets de bord, que vous évoquerez avec grand regret, en les déplorant de tout cœur. « C'est vraiment dommage, c'est comme ça, je ne comprends pas, ce garçon est si doué. » Vous devez vous montrer sincèrement désolé de ces à-côtés. La tonalité générale est de présenter votre subordonné comme une personne capable mais mal adaptée aux exigences de maintien et de travail en groupe du monde professionnel.

Cet aspect négatif rebute les cadres dirigeants, parce qu'il implique la présence d'un îlot d'irrationalité dans un milieu qu'ils s'acharnent à habiller de scientificité. Ce cartésianisme, nous l'avons vu, non seulement définit une condition nécessaire à une entreprise pour vivre et se développer, à travers la production, la gestion, la décision, mais est aussi une condition nécessaire à l'utilité d'un employé comme ressource de l'entreprise. Il doit participer au fonctionnement organisé d'une machine complexe, en tant que rouage aussi parfaitement disposé et fonctionnel que possible. Un outil de travail comme un ordinateur qui tombe en panne ou fonctionne de façon erratique est un facteur de désordre et rompt la chaîne de production de l'entreprise. Il fait perdre temps et argent, il est malvenu. À l'identique pour la ressource humaine.

Préparez-vous à amener des réponses si vos supérieurs prennent connaissance des doléances formelles de votre employé rebelle. Soignez vos objections. Relativisez le contenu des reproches tout en rappelant les qualités de leur auteur. Jouez à tout moment la carte de la conciliation. Rassurez, rassurez toujours. Prenez en main, soyez actif, organisez des réunions – dont vos supérieurs seront bien sûrs absents, ces mises au point anodines ne requérant pas leur présence – notez, prenez en compte, synthétisez... bref, regagnez le contrôle des canaux de communication. Gérer ce genre de problèmes, répondre aux doléances font partie de vos attributions. Vous vous déclarerez bien sûr surpris (mais jamais trop surpris, attention), par ses réactions excessives. Précisez que vous avez toujours été compréhensif et conciliant, que vous appréciez ses qualités. Soyez rassembleur, montrez que vous savez écouter, que vous êtes magnanime, mais, bien sûr, que l'entreprise passe en priorité et que la tolérance ne peut être illimitée, qu'il est temps qu'il se reprenne, qu'en travail d'équipe, il est irresponsable de défendre des positions solitaires à contre-courant.

Bien entendu, votre mauvaise foi mielleuse ne fera que l'aiguiller vers une rébellion plus féroce, le mettre encore plus en porteà-faux avec votre attitude pondérée, raisonnable. Vous accumulerez des points jusqu'au moment de non-retour, où l'entreprise deviendra – comme une ville de l'Ouest – trop petite pour vous deux.

Ainsi vous engagez un duel, fait non pas de coups de feu, non pas au milieu de la rue, mais un duel invisible, qui doit être d'autant plus souterrain que sont incertaines vos chances de succès.

Commencez par évaluer l'importance politique de votre adversaire, ses liens, ses appuis auprès des personnes influentes de la société. Vous devez connaître ce terrain parfaitement afin d'agir avec précision. La lutte que vous engagez sera idéologique, et vous devez être bien informé pour la mener [1]. Estimez son potentiel d'action, de conviction, les éléments concrets à sa disposition, les terrains sur lesquels vous êtes vulnérable. Analysez chaque menace et préparez des ripostes. Explorez les moyens de saboter, par persuasion ou par manœuvres, ses soutiens éventuels. Saisissez-vous de toute occasion de diminuer sa réputation et son influence. Restez toujours dans la rationalité. Agissez savamment, avec délicatesse, mais sans relâche.

De même, profitez de chacune de ses erreurs, identifiez ses points faibles et mettez en place tout ce qu'il vous est possible pour en tirer parti. Tant que vous n'avez pas le soutien suffisant de votre hiérarchie, ne l'attaquez pas frontalement. Au contraire, jouez avec lui un double jeu méthodique, toujours courtois, toujours mesuré. Passez de la bienveillance à la fermeté, de l'intérêt à l'ignorance, tâchez de l'énerver, de le désarçonner, poussez-le à la faute. À l'aide du principe de causalité, présentez-lui les conséquences de ses actions. Alternez les périodes où vous lui laissez une paix relative (surveillez-le de loin tout en lui faisant croire que vous l'avez oublié), et les phases où vous ne le lâchez pas, où vous exacerbez sa colère et sa combativité en le soumettant constamment à la pression.

Si les projets auxquels il participe souffrent des difficultés, faites-lui en endosser la responsabilité. Repérez et signalez ses indélicatesses, manquement, troubles à l'esprit d'équipe. Faltes-lui miroiter des chances de rachat, demandez-lui de se repren-

1. Inspirez-vous d'ouvrages utiles en la matière, comme le très lu *Art de la guerre*, de Sun Tzu.

dre, réinterprétez toujours dans vos propres termes, ne validez jamais sa formulation. Jouez de l'injonction paradoxale. Si ces mêmes projets vont bien, insinuez auprès de vos supérieurs que sa présence peut les compromettre. Cela vous offrira des justifications dans le cas où la santé du projet se dégraderait.

Cherchez à le mettre en difficulté, arrangez des situations délicates, de façon bien sûr indétectable, dans l'idéal, indirecte. Personne ne doit en tout cas pouvoir prouver que vous en êtes l'orchestrateur.

PLACARDISER

Si, pour des raisons administratives ou politiques, vous n'avez pas le loisir de provoquer le licenciement de vos perturbateurs, il vous reste l'alternative de la placardisation.

Comme chacun le sait, la placardisation consiste à mettre quelqu'un à l'écart des forces vives de l'entreprise, en le transférant par exemple dans un service fantôme, ou en évitant soigneusement de lui confier quelque responsabilité, initiative, activité que ce soit.

Certains croient que c'est un cadeau fait à l'employé. Pensez, on lui paie son temps libre ! Ne succombez pas à ce raisonnement trop facile. La placardisation est rarement vécue comme privilège, mais la plupart du temps comme une négation de valeur, une violence. Nous avons habitué l'individu à exister à travers sa valeur d'usage. Placardiser, c'est rendre inutile et, pire, invisible, c'est faire disparaître purement et simplement. Les effets psychologiques sont forts, ainsi que le détaille Dominique Lhuilier dans son livre sur le sujet : « La relégation au placard n'est pas seulement privation de l'activité. Elle est privation d'une raison d'être sociale, d'une place qui donne accès au désir et au regard des autres. Quand on est devenu transparent, quand on n'est plus destinataire d'aucune demande, quand l'autre n'attend plus rien, qu'il ne nous traite même pas comme une chose, un objet au service de son désir propre, quand il ne nous "traite" plus, parce que pour lui nous n'existons plus, comment se sentir, se savoir exister ? Le miroir est cassé [1]. »

Pour bien placardiser, vous devez isoler, mettre au ban. Choisissez un bureau perdu, où personne ne passe, de préférence

1. Dominique Lhuilier, *Placardisés : des exclus dans l'entreprise*, Seuil, Paris, 2002, p. 64.

petit et désagréable, comme un cagibi ou un bout de cave. Faites en sorte de restreindre autant que possible le contact de votre subordonné avec ses collègues. Il s'étiolera d'ailleurs probablement de lui-même. Dans ce type de cas l'entourage a tendance à se désolidariser de la victime. Parfois, il va jusqu'à lui trouver des fautes pour expliquer son traitement. Il y a une résistance psychologique à croire en l'injustice. Nécessairement, quelqu'un porte une part de responsabilité dans ce qui lui arrive. C'est une pensée commune qui s'applique aux afflictions diverses : placardisation, chômage, maladie. Si besoin est, suggérez à ses collègues qu'il est *persona non grata*, et insinuez que l'oublier est le bon choix s'ils souhaitent rester en harmonie avec l'entreprise.

Quant à son nouveau titre, peu importe, il ne sera que purement fictif. N'hésitez pas à y ajouter une pointe d'ironie, quelque chose qui fasse bien comprendre à tout auditeur éveillé qu'il s'agit bien là d'un authentique placard. « Manager », « coordinateur », « attaché », « responsable » font bel effet et ne recouvrent rien de concret. Par exemple, « attaché aux services extérieurs », ou « coordinateur de la veille technologique ». Bien sûr, oubliez-le sur l'organigramme.

D'ailleurs, à partir de ce moment, oubliez-le complètement. N'agissez plus que par lettres recommandées à son domicile. Attendez qu'il parte de lui-même, ou qu'il craque. Les arrêts maladie seront des circonstances aggravantes supplémentaires. La pression psychologique le poussera probablement à commettre des erreurs. S'il œuvre en sous-main, ce sera un acte d'insubordination.

Soyez tout de même attentif au fait que ce qu'il produit incognito ne puisse être utile à l'entreprise, en tout cas reconnu comme tel. Préparez-vous à cette éventualité en couvrant le champ des possibles de projets officiels, potentiellement de simples projets écrans, présentés comme pensés dans la stratégie de développement de l'entreprise. Des projets inclusifs, rassembleurs, totalement intégrés dans la planification générale, ce qui vous permettra de les opposer aux tentatives isolées et contreproductives de votre sujet.

UN EXEMPLE DE GESTION D'EMPLOYÉS RÉUSSIE

Prenons un exemple de première main, puisqu'il est puisé dans l'expérience en entreprise de l'auteur. Dans une société produisant du contenu sur Internet, récemment rachetée par un géant américain du domaine, plusieurs programmeurs furent recrutés pour assurer le développement de sites web à destination du public européen. Nous étions en début 2001, à l'amorce de ce qui fut appelé « l'explosion de la bulle Internet ». Engagés d'abord pour une charge de travail importante, ces programmeurs se virent de plus en plus démunis au fil des trimestres (les *quarters* fiscaux américains), car les performances de l'entreprise, à chaque résultat plus mauvais, provoquaient une réorganisation régulière des activités, traduite par l'abandon systématique des projets entamés durant le trimestre, le licenciement des principaux acteurs de ces projets et un discours positif et motivant de la direction, tournant autour du concept de « concentration sur le cœur de métier » (*we focus on our core business*). Nous pouvions voir clairement la situation : une débandade pure et simple. Mais le discours enveloppant des cadres supérieurs nous la présentait comme une rationalisation pleine de promesses, une occasion de redéfinir nos valeurs et de concentrer notre activité, un défi passionnant. Il n'était pas question de dire que la situation était grave, elle était au contraire, « *challenging* ». Les équipes commerciales, le service marketing, les programmeurs jetaient chaque fin de trimestre les concepts, documents et versions de leurs programmes élaborés jusque-là, et recommençaient à zéro, selon la nouvelle vision de la direction, celle qui allait cette fois conduire l'entreprise vers le succès, parce qu'elle était la bonne, mûrement réfléchie et évidente au regard des expériences passées, toutes « *challenging* ».

C'est dans cette atmosphère tourmentée qu'un manager intelligent sut tirer son épingle du jeu. Plusieurs services disposaient d'équipes de développement, pour des projets informatiques différents. Le responsable en question dirigeait la gestion électronique des catalogues. Originaire d'un pays de l'Est (un choix bien entendu lié au coût de la main-d'œuvre), il y avait d'abord dirigé son équipe, puis avait été transféré au siège social, pour prendre en charge les développements informatiques. Sa position de canal incontournable entre le siège européen et les équipes situées dans son pays natal était stratégiquement avantageuse. Toute communication dans un sens ou dans l'autre passait par lui, à tel point qu'on le considérait comme un programmeur de grande qualité, à l'origine de la plus grande part du code important des applications en place. Code bien entendu développé par ses employés restés au pays.

Son contrôle avait pourtant été diminué par le rachat de l'entreprise. Des cadres américains « délocalisés » en Europe avaient pris la direction des services destinés aux nouvelles offres Internet. Il n'avait plus la main sur toute l'informatique de l'entreprise, et des programmeurs locaux avaient été embauchés au siège européen. Cette situation provenait de la nouvelle organisation : des décideurs lointains, auprès desquels il n'avait pas eu l'opportunité de promouvoir ses qualités, créaient de nouveaux services en coordination avec le directeur local, sans qu'il puisse être impliqué. La situation économique difficile lui permit fort heureusement de reprendre l'avantage.

À la suite d'un nouveau résultat financier décevant, l'organigramme fut remanié. Notre manager fut nommé « vice-président senior de la Recherche et du Développement », regroupant sous son autorité toutes les équipes informatiques. Pourquoi lui plutôt qu'un cadre d'origine américaine ? Il avait simplement appliqué les méthodes décrites dans cet ouvrage : alors que ses concurrents se contentaient de bien faire leur travail sans plus d'ambition (un travail au demeurant inutile et sans espoir de reconnaissance, puisque son résultat s'évaporait à chaque trimestre), il bâtissait sa réputation dans deux directions : premièrement en laissant entendre qu'il était l'acteur principal des succès techniques de l'entreprise, ce qui ne pouvait être démenti dans les faits : les programmeurs de l'Est, bien éloignés du siège, ne pouvaient être interrogés directement, et quand bien même, leur contexte social et professionnel particulier – bien plus favorable aux thèses que nous développons qu'en Europe – ne leur aurait pas permis de démentir leur patron. Les équipes européennes n'avaient, elles, que des embryons de réalisations, interrompus en plein développement. Son deuxième axe était l'établissement d'une relation privilégiée avec le directeur du siège européen. Si ses compétences informatiques étaient douteuses, il avait un réel sens de la psychologie. Ayant perçu l'ego prononcé de son supérieur, il avait pratiqué une soumission mielleuse permanente, parfois jusqu'au ridicule, en le félicitant par des formules excessivement laudatives à chacune de ses décisions, le qualifiant pratiquement de grand visionnaire. Il développait ce lien en toute occasion, également hors du travail, en le conviant par exemple régulièrement à des barbecues du week-end.

Ainsi, la concurrence n'eut aucune chance. Lorsque le temps des réorganisations fut venu, il était le candidat naturel pour prendre la direction de toutes les équipes techniques. Ses anciens confrères devinrent ses lieutenants.

Mais la situation n'était pas encore totalement maîtrisée : il restait les programmeurs locaux, moins dociles et plus visibles que ses équipes distantes. Toute réalisation provenant d'eux aurait pu altérer sa toute-puissance. Il entreprit de les rendre inoffensifs.

Après des mois de changements de stratégie, la direction était pressée de mettre en ligne un site web qui pourrait générer du profit. Ce site était en phase de création par l'équipe locale. Lorsqu'il lui fut demandé d'en accélérer le développement, le nouveau « vice-président », au lieu d'expliquer à sa hiérarchie que l'élaboration d'un tel projet prenait du temps (nous avons vu qu'il ne faut jamais défendre ses subordonnés auprès de ses supérieurs), il assura en faire sa priorité, et alla immédiatement trouver les développeurs pour leur demander quand ils pourraient présenter un prototype de leur site. Lorsque ceux-ci, ébahis, lui expliquèrent qu'après avoir recommencé à zéro plusieurs fois, ils étaient dans une phase de conception trop précoce pour pouvoir montrer quelque chose, Il s'affirma lui-même très surpris de cette nouvelle, considérant qu'il s'agissait d'une tâche assez simple. Les programmeurs défendirent le sérieux de l'affaire. Il leur proposa de présenter à la direction un prototype une semaine plus tard. Il ne pouvait pas attendre plus. Les équipes bâtirent en catastrophe quelque chose à montrer. Bien entendu, à l'échéance, la présentation (à laquelle ne participait aucun programmeur) fut décevante, car le prototype ne permettait que les fonctionnalités les plus simples, alors que la direction rêvait des sophistications annoncées sur le papier. La crédibilité de l'équipe locale était entamée.

Une semaine plus tard, à la veille des vacances de Noël, l'équipe de développement et son directeur technique furent conviés dans le bureau du vice-président. Très souriant, celui-ci leur déclara qu'il avait une excellente nouvelle. Il leur annonça la fin de leurs soucis : par un hasard incroyable, il avait eu vent d'une entreprise en difficulté dans son pays, qui avait développé exactement le produit dont ils avaient besoin, un produit qu'il annonça complet et performant. En quelques jours, il avait conclu le rachat de cette entreprise et l'intégration des programmeurs dans ses équipes. L'équipe locale était dépitée. Le vice-président ne comprenait pas cette réaction mitigée à un retournement de situation si providentiel pour l'entreprise.

Bien entendu, la merveille promise se révéla techniquement très insatisfaisante, et n'était toujours pas fonctionnelle de longs mois plus tard. Mais ce n'était qu'un détail : par l'habileté de son discours, ces attentes passaient pour des phases de perfectionnement, et permettaient d'entrevoir un avenir toujours plus brillant. La stratégie du manager avait parfaitement fonctionné. La crédibilité de l'équipe locale avait été complètement annihilée, et ceux qui n'avaient pas quitté l'entreprise d'eux-mêmes étaient réduits à des tâches subalternes, proches de la placardisation. La hiérarchie, satisfaite, n'avait rien vu. Aujourd'hui, notre manager est « *Chief Information Officer* ».

3
TRANSCENDER LE MANAGER

« J'ai tendance à considérer que les différences entre les leaders et les managers sont les mêmes que les différences entre ceux qui maîtrisent le contexte et ceux qui s'y soumettent. »

Warren G. Bennis.

André Akoun, dans son livre *L'Illusion sociale*, écrit ceci : « [Le] modèle égalitaire repose sur une sociabilité différente de celle des sociétés hiérarchiques traditionnelles. Dans celles-ci l'inégalité sociale est appréhendée comme la forme de la justice. Aussi n'est-elle aucunement vécue comme une inégalité de pouvoir ou une inégalité d'avoir et ne renvoie-t-elle ni à des catégories "politiques" ni à des catégories "économiques". Seules entrent en jeu des catégories de "prestige" et d'"honneur" résultant du système des relations d'ordre. L'élément dit "supérieur" n'est pas supérieur par rapport à des éléments inférieurs à lui (et donc, d'une certaine façon, semblables à lui) mais par rapport à des éléments différents de lui. La prééminence d'une partie sur une autre n'est que l'effet de la cohérence interne du Tout. La hiérarchie ne saurait être pensée en dehors d'une idéologie holiste, qui subordonne l'individu à la société [1]. »

1. André Akoun, *L'Illusion sociale, essai sur l'individualisme démocratique et son destin*, PUF, Paris, 1989, p. 86.

ASSUMER SA CLASSE SOCIALE

L'entreprise est le lieu où se perpétue le système hiérarchique, à travers une séparation claire des niveaux de pouvoir et de responsabilité, et le principe de l'obéissance aux supérieurs. La différence des classes s'y exprime pleinement, entre cadres et non cadres, hauts salaires et bas salaires, dirigeants et exécutants. C'est ce que montre le sociologue Philippe d'Iribarne dans son livre *La Logique de l'honneur* [1]. Reprenant les modèles de gouvernement que décrit Montesquieu dans *L'Esprit des lois*, il conclut que les modèles reproduits dans les entreprises françaises oscillent entre un gouvernement monarchique (caractérisé par une cohérence sociale maintenue par l'honneur, la conscience de classe et des privilèges de chaque niveau [2]) et un gouvernement despotique.

Dans les gouvernements monarchiques et despotiques, les classes sociales ne sont pas en opposition comme nous le présentent Marx et Engels entre autres dans le *Manifeste du Parti communiste*, elles sont fondamentalement différentes, presque isolées les unes des autres. Comme l'indique Montesquieu, dans la monarchie, l'éducation pragmatique au contact du monde est telle que « les vertus qu'on nous y montre sont toujours moins ce que l'on doit aux autres, que ce que l'on se doit à soi-même : elles ne sont pas tant ce qui nous appelle vers nos concitoyens, que ce qui nous en distingue [3] ».

Si les portes existent entre les classes, elles ne sont pas ouvertes en permanence. Parfois, de temps en temps, elles lais-

1. Philippe d'Iribarne, *La Logique de l'honneur*, Seuil, Paris, 1993.

2. « S'il manque d'un ressort, il en a un autre : L'HONNEUR, c'est-à-dire le préjugé de chaque personne et de chaque condition, prend la place de la vertu politique dont j'ai parlé, et la représente partout. Il y peut inspirer les plus belles actions ; il peut, joint à la force des lois, conduire au but du gouvernement comme la vertu même.

Ainsi, dans les monarchies bien réglées, tout le monde sera à peu près bon citoyen, et on trouvera rarement quelqu'un qui soit homme de bien ; car, pour être homme de bien, il faut avoir intention de l'être, et aimer l'État moins pour soi que pour lui-même.

Le gouvernement monarchique suppose, comme nous avons dit, des prééminences, des rangs, et même une noblesse d'origine. La nature de l'honneur est de demander des préférences et des distinctions ; il est donc, par la chose même, placé dans ce gouvernement.

L'ambition est pernicieuse dans une république. Elle a de bons effets dans la monarchie ; elle donne la vie à ce gouvernement ; et on y a cet avantage, qu'elle n'y est pas dangereuse, parce qu'elle y peut être sans cesse réprimée. » Montesquieu, *De l'Esprit des lois*, *in Œuvres complètes*, tome II, Gallimard, Paris, 1958, p. 257.

3. Montesquieu, *De l'Esprit des lois*, *op. cit.*, p. 262.

sent passer quelqu'un qui a ouvert son chemin à la force de sa volonté. Alors un homme du peuple, choisi, peut gravir l'échelle sociale. Nous avons vu que, pour franchir cette porte, il faut le vouloir, et ouvrir son esprit à ce nouveau monde. Cette possibilité, cette porosité relative, est peut-être la différence entre le gouvernement monarchique *politique*, et le gouvernement monarchique *d'entreprise*. Elle existe parce que l'idéal de la réussite est accessible, et compréhensible par des individus particuliers de tous les rangs de la société. Dans *La Distinction*, Bourdieu écrit ceci : « La dialectique du déclassement et du reclassement qui est au principe de toutes sortes de processus sociaux implique et impose que tous les groupes concernés courent dans le même sens, vers les mêmes objectifs, les mêmes propriétés, celles qui leur sont désignées par le groupe occupant la première position dans la course et qui, par définition, sont inaccessibles aux suivants puisque, quelles qu'elles soient en elles-mêmes et pour elles-mêmes, elles sont modifiées et qualifiées par leur rareté distinctive et qu'elles ne seront plus ce qu'elles sont dès que, multipliées et divulguées, elles seront accessibles à des groupes de rang inférieur[1]. » Dans l'entreprise, à la différence du modèle proposé par Bourdieu, tous les groupes ne courent pas forcément dans le même sens, comme un roturier ne cherche pas les mêmes satisfactions qu'un courtisan. Mais si vous, roturier, avez l'âme d'un courtisan, vous avez la possibilité dans l'entreprise de vous hisser à ce rang.

Dans la lignée des idées que nous venons de citer, lorsque cette porte est franchie, il est important qu'elle le soit pour toujours, et sans ambiguïté. Vous devez pleinement occuper cette première position et vous imprégner de votre nouvel univers. Une des règles suprêmes de l'honneur, selon Montesquieu, est que « lorsque nous avons été une fois placés dans un rang, nous ne devons rien faire ni souffrir qui fasse voir que nous nous tenons inférieurs à ce rang même[2] ».

Votre objectif est donc l'anoblissement. Rarement dans l'histoire cette classe fut totalement fermée, uniquement perpétuée par le sang. Intégrer la noblesse a été souvent été possible. Différents modes d'anoblissement ont existé, notamment par lettre

1. Pierre Bourdieu, *La Distinction, critique sociale du jugement*, Minuit, Paris, 1979, p. 182.

2. Montesquieu, *De l'Esprit des lois*, *op. cit.*, p. 265.

ou par charge. Quelles sont les qualités qui vous permettent dans l'entreprise d'atteindre ce rang ? Simplement votre capacité à vous attribuer la place. Votre volonté même de vous élever, la ténacité, la ruse, la force politique. Elles sont à la fois le moyen et le critère. Votre poste vous est donc acquis de bon droit, mais naturellement, affichez votre noblesse, votre honneur sur la base de qualités positives plus consensuelles : la compétence, l'assiduité, la vision, le dévouement, l'organisation... Choisissez.

Votre chemin est d'intégrer les hautes castes, de strate en strate, par l'excellence de votre activité courtisane, de pratiquement changer d'univers, comme si vous vous réincarniez en un être différent, nouveau, supérieur. Évoluant dans une société hiérarchique, le manager et l'employé sont des êtres proprement différents. Pour opérer complètement cette transmutation, nous allons voir que vous devez revêtir un autre costume, vivre dans un autre monde, et vous imprégner des caractéristiques de ce monde. Comme une star, votre réalité va devenir différente, vous allez échapper aux lois de l'univers habituel. Cela commence par la rémunération et l'image que vous donnez aux autres.

LA RÉMUNÉRATION

Pour votre propre confort et votre évolution dans l'entreprise, il est important que vous compreniez que vous n'êtes pas payé pour le volume ou même la qualité de votre travail. Normalement – nous l'espérons pour vous – vous avez négocié un salaire honorable et conforme à l'importance de votre position. Ne sous-estimez pas l'importance de l'effet que le salaire élevé donne à votre statut. Non seulement cela vous assure un train de vie en rapport avec votre importance dans l'entreprise et, par extension, dans le milieu social, mais en plus cela vous permet en quelque sorte de le solidifier, de l'incarner encore plus complètement auprès de vos subordonnés comme de votre hiérarchie. Bien sûr, vos subordonnés ne connaissent pas le montant de votre salaire mais, d'une façon ou d'une autre, les bruits courent, et cela fera l'objet de conversations régulières. Le salaire des cadres est un sujet de préoccupation largement répandu en France, provoquant des émotions diverses, à tel point qu'il fait plusieurs fois par an la couverture des magazines spécialisés. Un salaire élevé vous procure naturellement une aura et une autorité supplémentaires. Par un effet de fascination, l'importance de la rémunération est liée dans les esprits à la qualité de la personne. L'argent étant un signe, son abondance ne peut être attribuée qu'à des individus au-dessus de la moyenne, qui le méritent réellement ou dont les qualités de négociation et, ultimement, de ruse, ont amené au succès.

Ce sont des choses que le Français vénère. Plus peut-être qu'aux qualités positives, il voue une admiration secrète à la roublardise, l'habileté, la capacité à obtenir des avantages par l'astuce, et considère cela comme un réel talent. Cela produit un contraste, alors qu'il a très souvent lui-même peur de la confrontation et de la négociation directes, principalement en matière de rémunération. Cela reflète peut-être le sentiment du gouffre qui sépare la vie précaire et modeste de l'employé d'un horizon idéal où ses qualités reconnues et sa rémunération seraient à la dimension de ses rêves. Cette séparation, vécue comme forte et infranchissable, ne peut être brisée que par la subversion des règles établies, dont l'employé sent de plus en plus qu'elles ne correspondent qu'à des chimères, constatant que le mérite n'est qu'exceptionnellement payé de retour. Par sa réussite, due à cette subversion des règles positives et morales apparentes, le manager représente la réalisation de ce rêve, la victoire de l'individu sur le système.

Vous pouvez augmenter cette réussite et accentuer encore le renversement de la logique commune en échappant au rapport organique entre rémunération et assiduité au travail. Vous pouvez certes démontrer, par votre omniprésence au travail, le caractère surhumain de votre endurance et de votre dévouement à l'entreprise, mais vous pouvez aussi, par la légèreté de votre implication, afficher votre singularité envers ce qui est vécu par vos employés comme une loi immuable de la nature : le rapport entre le volume de travail et le salaire. L'employé sait que, pour toute une série de gens, ce lien est complètement inversé, il l'apprend dans les journaux, il le voit dans les reportages, et cela lui apparaît à la fois comme une injustice, dont l'impunité est inconcevable, et comme une violation des règles de la nature auxquelles il est soumis. En résumé, c'est un rêve insensé. Vous échappez encore à leurs limites, et cela ne fait qu'augmenter votre influence.

Dans l'échelle hiérarchique, le salaire est d'ailleurs plus important que le statut. Un titre ronflant sonnera comme une douce blague, jouée aux dépens de son titulaire, si le salaire ne suit pas. On sait que ces attributions grandiloquentes sont souvent utilisées pour compenser la modestie de la rémunération. Personne n'en est dupe. Vous devez essayer d'obtenir les deux, le salaire étant la priorité.

C'est ainsi que, en même temps que la rancœur dont nous avons parlé, vous serez l'objet d'une admiration ambiguë de vos employés. Pour accentuer l'effet, n'hésitez pas à rechercher les avantages en nature, qui correspondent à une forme de rémunération très symbolique pour l'affirmation de votre statut, et pour cette raison très prisée des salariés, avec l'avantage d'être beaucoup plus visible.

Une autre forme d'avantage est la capacité de disposer des outils de l'entreprise, de ses moyens d'action : salles, véhicules, moyens de paiement, supports de communication. Affichez-les comme si ces éléments étaient votre propriété, comme si vous en aviez la maîtrise absolue, le plus naturellement du monde. Dans un mouvement de totale réciprocité, vous êtes un instrument de l'entreprise, mais elle doit aussi apparaître comme votre instrument.

Votre objectif réel étant l'acquisition d'un pouvoir symbolique sur votre entourage professionnel, de la façon la plus indirecte possible, l'affichage de votre rémunération n'est pas à négliger. Pour multiplier ce pouvoir, cette soumission fantasmatique librement consentie, vous devez, comme les célébrités, ceux qu'on appelle aujourd'hui les « people », provoquer et entretenir le désir.

LE DÉSIR

La lutte compétitive dont nous avons amplement détaillé les ressorts pose problème pour les individus timides ou peu aptes à la compétition. Toutefois, personne n'est totalement dénué de rêves. Comment concilier cette passivité – l'état de résignation – avec les aspirations de vie meilleure ? Beaucoup jouissent du succès des autres par une forme d'investissement fantasmatique, en vivant le rêve de leur réussite par projection. C'est alors un tiers qui devient porteur de leur fierté, et de toutes leurs aspirations idéalisées.

Représenter cet autre va vous conférer un pouvoir important. Pour ce faire, vous devez faire preuve d'une forme de flamboyance, d'expression personnelle qui rendra votre existence désirable. Nous avons dit que votre objectif était l'anoblissement. Quel rapport avec la flamboyance ? Pour être sur la bonne voie, il vous faut moderniser la définition du mot noblesse. Il y a encore peu, la noblesse était concrètement assurée par un statut social, une éducation, mais aussi symboliquement représentée par des attitudes, des goûts, des choix et des jugements. Dans *La Distinction*, Pierre Bourdieu montre comment les jugements et les choix culturels « classent » les individus, et leur permettent d'affirmer leur appartenance à une classe sociale, la distinction se faisant généralement entre la pratique et la connaissance des « arts légitimes », en opposition à ce qu'on appelle la culture populaire.

Il n'est pas question d'embrasser la voie du docte et de l'aristocrate, qui est celle d'une sorte d'exil social volontaire motivé par un désir d'élitisme. Le pouvoir social n'est plus dépendant de l'élévation, de la pure distance, il n'est plus tissé dans l'histoire, comme le présentait Bourdieu : « [...] un *pouvoir social sur le temps* qui est tacitement reconnu comme la forme par excellence de l'excellence : *posséder de l'"ancien"*, c'est-à-dire de ces choses présentes qui ont du passé, de l'histoire accumulée. [...] Grâce à des dispositions qui, comme le goût des choses anciennes, ne s'acquièrent elles aussi qu'avec le temps et dont la mise en œuvre suppose le loisir de prendre son temps [1]. »

1. Pierre Bourdieu, *La Distinction*, *op. cit.*, p. 78.

La maîtrise du temps ne captive plus vos contemporains. Vous vivez, souvenez-vous, dans une société qui glorifie la « valeur travail ». La réussite, c'est l'élévation par le travail, donc la perception du temps comme une contrainte forte quoi qu'il en soit, mais aussi par la chance. C'est une prise d'espace et de flamboyance, une amplification de la visibilité.

Cette flamboyance s'acquiert en épousant les pratiques désirables à la fois de la société et de l'entreprise. Il ne s'agit plus ici de pratiques artistiques, distinctives du point de vue d'un élitisme culturel, mais d'une appartenance sublimée au non-art et à la distraction. Cette élévation opère un double mouvement : elle établit également une distance de fait, mais génère une identification, car ses moyens et ses résultats sont à la portée de tous. La distinction analysée par Bourdieu s'est évaporée dans l'abstrait. Les jugements esthétiques élitistes contemporains portent sur des œuvres froides, assommantes, incompréhensibles. Qui pourrait désirer cette forme de reconnaissance ? Le peuple n'adule plus le noble (l'a-t-il jamais fait ?), il déteste au contraire cette momification qu'il s'inflige lui-même. Cette nouvelle distinction, dont vous devez être le porteur, l'est par la mise en scène, par la consommation, elle doit s'inscrire dans des pratiques concrètes et visibles, des attitudes, des relations. Toutes ayant un critère de choix essentiel : elles doivent être désirables.

En général sont désirables les sommes d'argent importantes, les aventures amoureuses et sexuelles, les activités sportives et sociales en vue, la compagnie d'autres personnes désirables, les vacances dans des lieux sélectifs... Pour vous faire une idée générale, pratiquez la lecture des magazines qui décrivent la vie des célébrités, et souvenez-vous du ton, des détails, de ce qui est amené pour provoquer l'adhésion et la fascination. Observez les légendes des photographies et ce qui attire immédiatement l'intérêt. Il est important de comprendre qu'un excès de subtilité, de complication, serait malvenu. Restez basique, ne faites pas dans la retenue, n'ayez pas peur de l'exagération. Nous avons appris à ne nous satisfaire que de gros morceaux. L'équilibre et la bonne mesure ne sont pas désirables, presque par définition. La multitude, l'accumulation sans fin du même qui submerge notre vie quotidienne, fait que notre attention n'est plus attirée que par l'excès. Cela ne veut pas dire non plus que vous deviez vous démarquer en vous présentant comme atypique. Ce serait une erreur. Cela peut sembler paradoxal, mais vous devez en même temps, rester conforme.

Vous ne pouvez pas être réellement, universellement désirable, si vous êtes à la marge. Vos collègues et subordonnés ont, par définition, choisi une forme de conformisme dans leur carrière. Ils travaillent dans une entreprise, à un poste qu'on leur a désigné et pour lequel ils se sont formés, préparés, parfois pendant plusieurs années. Leur chemin a été conforme, il le reste et le restera. Leur vie professionnelle est guidée par des pratiques, des habitudes qui structurent la communauté. C'est leur appartenance. Si cette voie les satisfait, vous auriez tort de vous montrer en rupture, et si elle les frustre intérieurement, vous auriez tort de leur montrer que vous avez plus de courage qu'eux.

Les révolutionnaires, la pensée originale qui se démarque, n'intéressent pas. Le public aime les élus, étymologiquement, ceux qui ont été choisis, qui se sont élevés à travers le système, et non par dissidence. Ils deviennent des icônes, des supports de fantasme. C'est comme un gain à la loterie, qui ne nécessite aucun talent particulier, aucune cooptation, tout le monde peut y accéder, par l'effet de la chance. Pour vous rendre désirable, vous devez incarner la victoire du conformisme, démontrer que l'on peut réussir – réaliser ses rêves – sans quitter les zones de sécurité. Vous offrez l'espoir sans danger.

Suivez la voie naturelle de votre réussite conforme, contentez-vous d'en tirer les conséquences, et organisez-vous autour d'un axe principal : l'idée de profiter.

La conception moderne de l'inscription de l'homme dans le travail est en deux temps : travailler, puis jouir des résultats. Il y a à peine un siècle, ceux qui jouissaient du confort matériel n'avaient pas vraiment besoin de travailler, et ceux qui travaillaient le faisaient pour vivre. Selon la thèse de Stuart Ewen, un historien américain spécialisé dans l'histoire de la consommation et des *mass media*, et qu'il développe dans son premier livre, *Consciences sous influence* [1], la révolution consumériste est née en même temps que la publicité, grâce au développement de la production de masse. Il analyse la naissance de la publicité au début du XXe siècle aux États-Unis, comme une entreprise déci-

1. Stuart Ewen, *Captains of Consciousness : Advertising and the Social Roots of the Consumer Culture*, Basic Books, 2001, trad. fr. Aubier, Paris, 1983.

dée par les capitaines d'industrie pour rendre possible une augmentation de la consommation, une sorte de banalisation de celle-ci, nécessaire pour répondre aux nouvelles possibilités de production de masse. Afin de réaliser cet objectif, il fallait d'abord permettre à plus de gens de consommer, pour réellement absorber l'augmentation de la production. Cela s'est fait en augmentant les salaires des ouvriers pour leur permettre d'acheter les biens mêmes qu'ils produisaient. L'outil majeur de l'incitation à la consommation fut le développement de la publicité, qui a rendu ces biens d'abord désirables, puis indispensables, par l'intermédiaire d'impératifs moraux, d'idéaux qui ont débouché vers une nouvelle conception de la société et de la famille, pratiquement un nouvel ordre.

Nous sommes aujourd'hui modelés par l'idée que l'objet est désirable, et qu'en quelque sorte le désirable est l'indispensable. Notre dignité s'affirme dans la possession du désirable, ce qui se vérifie simplement dans une expression toujours bien reçue et banalisée : le pouvoir d'achat. Cette formulation nous montre où nous plaçons notre pouvoir, où il se situe.

Nous avons le pouvoir d'acheter, et l'achat est hautement désirable, il n'y a donc qu'une attitude logique : profiter ! Profiter de l'argent dont nous disposons pour assouvir nos désirs, profiter de ce qui existe et est à notre portée. Nous pouvons mesurer notre bonheur à l'aune de notre capacité à profiter.

En profitant, nous incarnons automatiquement le rêve, le désirable, la réussite, en parfaite adéquation avec les chemins de la conformité sociale. Une façon agréable, subtile, de générer le respect.

Cet état d'esprit s'est d'ailleurs étendu à toutes les dimensions de l'entreprise. Son objectif premier, et en quelque sorte sa responsabilité, est de maximiser le profit, de saisir toutes les opportunités pour accumuler, de se goinfrer. Il y a de la grandeur dans la consommation comme il y a de l'admiration pour le gros mangeur, celui qui dévore tout ce qu'il y a sur la table. « Il vaut mieux faire envie que pitié », disait-on dans ma famille. Celui qui profite montre à quel point il est un gagnant, et nous adulons les gagnants, comme les perdants nous répugnent (on oublie très vite un employé licencié ou placardisé, il n'existe plus).

Affichez votre réussite, portez des vêtements coûteux, une montre de prix, conduisez une voiture voyante, affichez votre bonne santé financière. Inscrivez-vous dans des clubs, souscrivez aux offres « privilège », ennoblissez la façon dont vous dépensez votre argent. Affichez vos loisirs dans votre cadre professionnel, par exemple commandez des appareils ou des accessoires comme clubs de golf, électronique de divertissement, instruments de musique, tout ce qui transmet une valeur sociale ou culturelle, une noblesse, et faites-les livrer au bureau. Laissez vos assistants les réceptionner. La livraison est un aspect du processus d'acquisition qui n'est plus de votre niveau, vous devez cesser de prendre en compte son existence, d'ailleurs vous n'avez pas le temps. Il y a des gens dont c'est le travail quotidien. Vous avez établi un certain standard, vos actions doivent y correspondre. C'est la distance qui fera de vous quelqu'un de désirable, la différence qui créera le respect.

Ne négligez pas l'attention que vous portez aux femmes. Votre implication avec une femme (si votre goût se porte sur les hommes, faites comme si) est utile. Si vous êtes une femme, vous pouvez lire exactement ces conseils en miroir, ils sont interchangeables. Vos relations amoureuses sont une puissante forme de communication. Privilégiez les femmes visibles et désirables, qui incarnent la réussite sociale, elle rejaillira sur votre propre réussite et la nourrira. La règle encore une fois est de réaliser les fantasmes des autres, afin d'en représenter la cristallisation. Servez-vous de la communication publicitaire comme guide, elle vous conduira vers les vrais objets de désir et les systèmes de croyance dominants, vous aurez simplement à les incarner.

La femme doit être sophistiquée, et se référer aux mêmes valeurs que vous. Elle doit non seulement accepter la règle du jeu mais, mieux, l'apprécier, s'y référer comme modèle. La femme idéale vous ressemble, elle a appris à goûter à la puissance des idées simples, elle sait comment faire de l'effet, elle a des préférences et des opinions basées sur leur visibilité, leur flexibilité et leur valeur d'usage. Elle profite, saisit les opportunités, et parle de tout cela avec les mots du cœur. En un mot, elle sait se vendre. Des femmes de ce type ne vous seront pas seulement bénéfiques en termes d'image, mais également vous apporteront réconfort et énergie dans votre démarche par la présence d'un alter ego. Vous goûterez au raffinement d'avoir, par exemple, des couleurs préférées, et d'argumenter sur leur symbolique et le cadre de leur usage. Vous pourrez par exemple choisir de porter du noir pour son effet sexy et chic, ou du blanc pour son élégance et son zen. La terminologie est ici choisie délibérément : ne vous perdez pas dans un souci de précision ou de complexité fumeuses. C'est en vous exprimant avec les mots actuels, reconnus universellement, et qui ne portent que des sens de tendance, un assemblage d'abstractions intangibles, que vous pourrez représenter le désirable. Reconnaissez l'efficacité de l'échappée, échappée du réel des définitions froides et des concrétudes rebutantes. La puissance du désir ne peut s'exprimer que dans la simplicité, à travers des mots suffisamment creux pour qu'on les remplisse de tous nos réflexes et de toutes nos images.

LA MAGIE

Nous l'avons vu en dissertant sur le mensonge, les mots sont à la fois seulement des mots, et ils sont aussi porteurs d'une grande puissance. Ils sont seulement des mots car les prononcer n'engage à rien. Ils n'ont aucune dépendance au réel. En percevoir une est un esclavage que s'impose le locuteur, une sujétion à la médiocrité, une limitation injustifiée au principe de profiter, qui empêche de saisir les opportunités infinies du langage, et par conséquent de pleinement jouir de sa puissance.

La puissance du langage est multiple : il peut convaincre, il peut décider, il peut faire désirer, faire croire, et par-dessus tout, il peut créer, générer et modeler jusqu'au réel. Ce que le linguiste Roman Jakobson a appelé la fonction performative du langage.

Parler ne signifie pas témoigner de la réalité, mais l'interpréter, voire la créer de toutes pièces. Comme l'a montré Ferdinand de Saussure, le rapport entre le signe et le monde qu'il décrit est purement arbitraire. Cela vous offre un champ d'action sans limite, d'autant plus que la plupart de vos interlocuteurs croient encore à un lien naturel. L'idée que le langage décrit le réel est pour eux un pilier important, sur lequel ils s'appuient pour percevoir la solidité sécurisante du monde. En vous affranchissant de cette illusion, vous aurez la capacité de créer un univers qu'il leur sera difficile de remettre en question.

Laissez-vous pénétrer, guider par la puissance créatrice des mots. Ne résistez pas, ne craignez pas de vous convaincre vous-même. Le choix averti d'une compagne et d'amis partageant ce talent va vous y aider. Vous apprendrez à laisser votre monde se modeler, à l'adapter à vos désirs, un peu comme une maison que vous retapez, dont vous arrangez la décoration, que vous embellissez avec du papier peint, de la moquette, du faux carrelage.

Cela sera plus aisé à obtenir avec des mots simples, qui expriment des valeurs reconnues. Tendez simplement l'oreille, notez comment, sans s'alourdir de scrupules, vos collègues ou votre entourage créent eux-mêmes leur réalité, par leurs propres mots, ou empruntés à ceux dont le métier est de former la réalité : rédacteurs de magazines, cadres dirigeants, publicitaires. La langue du management reste un exemple de choix. Sa grande puissance d'abstraction permet de modeler dans un écrin de confort le monde de l'entreprise, d'en faire la perfection de l'art. Sans cela, on aurait pu le cartographier comme chaotique. L'essentiel est de nommer, de poser la main ferme du langage sur un réel rétif, de le circonscrire, de le maintenir fermement dans la camisole de nos mots. Vous rencontrerez peu de résistance de la part de vos subordonnés ou de votre entourage, ne craignez pas de rébellion contre ce putsch d'une vérité qu'ils sentiraient autre. Misez sur leurs craintes naturelles de l'irréductible, de l'inexplicable, et sur le refuge de la rationalisation, quelle que soit la torsion qu'elle imprime sur les formes indicibles. Votre appropriation créative répondra aux attentes secrètes de ceux qui cherchent vers qui tourner leurs yeux pour un peu de réconfort.

C'est un rôle quasi religieux que vous remplirez. Celui du soulagement d'une âme emportée par les remous de la déréliction, le même que les rédacteurs de magazines, les économistes, les psychologues, les idéologues, les théoriciens du management, ceux dont l'activité magique est d'apporter de l'ordre et de la valeur. Produire de la valeur, c'est ce qui importe, comme l'exprime Dominique Folscheid au sujet de la publicité : « On pourrait dire que la pub s'exprime au *performatif*, forme pragmatique du discours où s'accomplit une action irréductible à l'acte de dire. S'adressant à un public, elle remplit une fonction "illocutoire" de nature sociale, lors même qu'elle affecte d'énoncer des constats d'évidence par ses slogans. Elle ne se préoccupe nullement du vrai et du faux, comme les énoncés scientifiques, mais seulement du bonheur et du malheur, de la réussite et de l'échec. Elle ne produit pas du sens, mais de la valeur [1]. »

C'est bien de magie qu'il s'agit, pour prendre la pleine mesure de votre puissance, pour atteindre la position dans laquelle vous deviendrez réellement intouchable, indispensable et prophétique (car ayant établi vous-même les frontières spirituelles de votre pays : la définition du prophète). La magie incantatoire est celle qui permet de faire surgir le surnaturel, de convoquer les esprits et d'affecter le monde normal à travers les sortilèges, tout cela par la puissance de la parole. Votre acte magique, c'est la création de valeur, de formes, de sentiments, comme autant de Golems surgis du miracle illocutoire. Vous modelez ainsi un monde qui répondra à toutes les attentes de vos subordonnés : un univers de poche où la quête métaphysique est inutile, car tout y est confortablement balisé, tout y a une fonction, un but. Un monde qui dans sa globalité, tel que vous le créez, est un rêve en réalisation, tout ce qu'on peut souhaiter, dans la brillance et la grandeur.

Débordez d'hyperboles, transportez. Dans l'acte magique il n'y a pas d'exagération, l'incantation calme et mesurée n'existe pas. L'outrance n'a de sens que par rapport à une réalité concrète, observable hors de la langue. Quand le mot crée la réalité, c'est un miracle. Il n'y a pas de retenue dans le miracle. Portez les rêves au lieu de les contenir.

La substance de votre magie sera de transformer en désirable ce qui ne l'est pas *a priori*. En cela, elle est très proche de la publicité. Elle réenchante le monde, non pas en cherchant à le transformer pour qu'il corresponde à un idéal ancien et dépassé, mais en le réinvestissant tel qu'il est. Tout est organisé pour combler ceux qui veulent tirer profit du monde. N'est enchanté que l'endroit où l'œil voit de l'enchantement. Dès le départ, substituez la magie aux normes, l'entreprise n'est plus une simple compagnie, mais le pays dans lequel se déroule le voyage du héros. Soyez-en tous convaincus.

Dans son livre *Sexe mécanique*, que nous venons de citer, Dominique Folscheid amène la thèse que le sexe contemporain

1. Dominique Folscheid, *Sexe mécanique : la crise contemporaine de la sexualité*, La Table ronde, Paris, 2002, p. 185.

n'existe plus que pour lui-même, qu'il est maintenant libre, indépendant de toute forme de norme et de contrôle extérieur, nous faisant vivre selon un impératif de plaisir, nous obligeant à être libres, une injonction paradoxale. C'est ce que vous devez atteindre : donner aux charmes de l'entreprise et aux conditions de ses acteurs un caractère impératif, nécessaire, incontournable, tout en les laissant penser que cela vient d'eux. Pour enchanter ce sexe impératif, la magie passe selon Folscheid par le sexy. « Sous le sexy, tout le monde entend et identifie immédiatement le sexe, mais le sexe drapé dans les plis et replis de l'érotisme [1]. »

Il y a dans le sexy quelque chose de la captation, quelque chose de plus impérieux et cru que dans l'érotisme. L'érotisme est plus un jeu à deux partenaires, un mélange de désir, alors que le sexy s'affiche et établit les prétentions du désirable. C'est sur ce même modèle que vous devez travailler la matière première de l'entreprise : instituer une norme, un état de fait sans contradiction, dont les contraintes sont choisies, recherchées par leurs victimes. Et vous devez vous-même vous offrir plus que quiconque à cette norme, comme un prêtre, celui qui porte la parole de Dieu et qui a le plus la foi. Vous devez vous sacrifier dans cette norme, y mourir et renaître, transformé, dans sa substance même. Sans cela vos efforts et vos compromissions resteront stériles, douloureux. Vous devez vous imprégner de l'injonction paradoxale, en devenir vous-même l'expression vivante, elle doit vous battre comme un *koan*, cette proposition paradoxale du bouddhisme zen qui provoque l'éveil, afin de nettoyer tout ce qui peut rester en vous d'impureté. Votre objectif est de devenir le baiseur, l'acteur du film porno de l'entreprise. Folscheid distingue le baiseur du séducteur. Le baiseur, instrumentalisé par le sexe comme norme et idéologie, « n'en est que l'opérateur ». Le séducteur, lui, a une individualité qui ne correspond pas à la norme. Il est excentrique, grandiose, choquant. « La baise s'inscrit dans une logique strictement consumériste, tandis que la séduction privilégie une logique de la prise de pouvoir. »

L'acteur porno est l'icône du baiseur, celui qui en représente à la fois la machine la mieux huilée, la mieux « bâtie », et celle qui a le mieux réussi dans l'incarnation désincarnée de son système. Il en est le point de focalisation, il en transmet en toute pureté tou-

1. *Ibid.*, p. 111.

tes les caractéristiques. C'est ce niveau d'incarnation que vous devez atteindre. C'est de cette façon que vous serez désirable : un modèle d'abandon à la réussite fatidique.

Et, tout en baisant, parlez d'érotisme. Car l'envoûtement est de votre côté. Vous pouvez aussi vous penser comme un charmeur de serpents. Votre instrument offre plusieurs becs, comme une flûte de Pan. Vous pouvez souffler la note du social, du professionnel, de la consommation, de la réussite, de la carrière, de l'obligation, du chômage. Vous pouvez composer une mélodie à haut pouvoir de fascination. Avec de l'expérience, vous pourrez passer à la direction d'orchestre. Écoutez cette introduction d'un livre de publicitaire, qui loue son métier :

« Ce métier se situe au croisement de l'art et du commerce.

« Nous y maîtrisons un discours qui se veut efficace, mais qui, en même temps, parvient souvent à faire sourire et, parfois, à émouvoir. Nous y rencontrons les talents les plus divers, depuis les anthropologues les plus pointus jusqu'aux metteurs en scène les plus en vogue. Nous y développons une agilité unique, en passant, dans la même journée, de l'univers feutré de la banque au monde accéléré des ordinateurs, de l'industrie légère à l'industrie lourde, des produits frais à l'automobile. Nous y construisons des marques qui ont leur façon de parler et qui, lorsque nous savons leur donner une âme, transforment l'activité de nos clients. Nous y ressentons les vibrations et les pulsations d'une économie de marché, convaincus de l'intérieur que c'est probablement la seule qui vaille [1]. »

N'entendez-vous pas s'approcher une douce mélodie, qui vous enveloppe et vous emporte ? Si vous fermez les yeux, les images de mains virevoltantes, conduisant délicatement la montée de l'émotion ne vous apparaissent-elles pas ? Votre tête ne commence-t-elle pas à se balancer au rythme de cette mélopée, ne plongez-vous pas dans une agréable torpeur ? Bravo, Maestro ! Prenez-en de la graine !

1. Jean-Marie Dru, *La Publicité autrement*, Gallimard, Paris, 2007, p. 9.

L'HYPERESPACE

L'employé a nettement l'impression que quelque chose dans la réussite du manager n'est pas pour lui, comme si les deux univers, celui de l'ambitieux et celui du résigné, étaient inconciliables, et que vous viviez dans une dimension supérieure, où ce qui constitue dans son monde une barrière infranchissable n'y est rien de plus qu'un détail irritant, comme la petite attente de l'ouverture de la porte d'un ascenseur. On peut rapprocher cette différence de monde à ce qu'on voit dans les films de science-fiction où la vitesse de la lumière est contournée par un simple saut dans l'hyperespace, cette autre dimension où la nature n'obéit pas aux mêmes règles.

Selon les lois actuelles de la physique, un vaisseau spatial ne peut dépasser la vitesse de la lumière, et est donc condamné à se traîner dans un espace silencieux, noir et triste. Mais les détenteurs de technologies avancées peuvent ouvrir un vortex, en utilisant un moteur à hyperespace, pour se glisser hors de notre dimension limitée, dans un ailleurs parallèle, invisible, impénétrable pour qui n'en a pas la clé, et dans lequel – vous le remarquerez toujours – l'espace est plus clair, coloré d'effets brillants et kaléidoscopiques, plus intéressant. Dans ce monde fait de lignes et de formes de lumière, dans lequel on s'élance comme dans un manège, tout est plus beau, rapide, excitant.

Voilà à peu près ce que vous représentez : l'hyperespace du monde de l'entreprise, une dimension à laquelle seuls les privilégiés ont accès. Un monde de puissance et de vitesse inimaginables qui vous permet de distancer n'importe qui. En un éclair vous êtes déjà ailleurs, dans une autre réalité.

L'hyperespace est l'endroit transdimensionnel où vous entrez en communication avec des êtres technologiquement très avancés. C'est le monde des managers, des dirigeants. Peut-être commencez-vous seulement à l'explorer, quoi qu'il en soit vous avez traversé le vortex et vous y êtes, voilà votre réalité. Cet espace symbolique, vous le partagez avec les cadres supérieurs de l'entreprise. En aucun cas vous ne devez rester seul dans votre cosmos privé, votre univers de poche... Votre isolement serait fatal, car il bloquerait votre progression. Au lieu de vous propulser dans la vitesse, il serait une prison. Votre univers doit être un espace du possible, et non de l'obligation et de la contrainte. C'est en cela qu'il est une dimension échappant aux lois de la nature, telles qu'elles s'appliquent à vos employés : celles de la causalité. Dans l'univers relativiste de vos employés, les rapports sont établis entre la cause et l'effet : le salaire est obtenu par le travail, l'augmentation par l'ancienneté ou le mérite, la bonne volonté entraîne la bonne volonté, l'assiduité la reconnaissance, les manquements les sanctions... Dans cet univers, ces liens sont établis, ils sont aussi inaltérables que la vitesse de la lumière. Ils représentent en réalité toutes les limites dont vous avez su, en entrant dans la dimension hyperspatiale, vous affranchir. Cette émancipation vous offre non seulement une liberté absolue sur vos déplacements dans tout l'espace relativiste, mais un contrôle sur les habitants de la dimension limitée, une totale impunité. Vous apparaissez, disparaissez, jaillissez de nulle part, vous maîtrisez ce que les mortels ne peuvent comprendre, et prennent pour de la magie.

Cette comparaison avec la physique fantaisiste ou prospective de la science-fiction nous aide à percevoir ces différences fondamentales d'espaces symboliques. Nous avons vu que votre parole, votre identité même de manager provoquent une influence magique. Celle-ci s'exerce à l'intérieur du cadre de l'entreprise, ce microcosme qui réplique l'organisation générale de la société, ses refuges, ses différences et ses tensions, comme une image qui se forme dans une chambre noire et reproduit sur quelques centimètres carrés tout un panorama. La vie en entreprise peut parfois ressembler à une expérience de sociologie à budget élevé destinée à étudier les interactions et le comportement des individus en groupe. La présence de caméras parfois ne nous étonnerait pas, tant on pourrait croire que nous participons à une émission de téléréalité.

Quoi qu'il en soit, la portée de votre pouvoir sera mesurée pour une large part par votre capacité à bâtir et à maintenir ces espaces symboliques, dont la caractéristique essentielle est la perception des distances : le vôtre est fortement distinct de celui de vos employés. Vous vivez, nous l'avons vu, dans des univers bien distincts, distincts dans leur nature, leur substance même. Le mélange est impossible, mais il y a néanmoins, nécessairement, interaction. Une influence se produit, que ce soit par un contrôle direct, ou par la transmission de messages. C'est une influence à voie unique, selon le mot consacré en entreprise : *top-down*. Elle est descendante, unidirectionnelle, de votre espace au leur. L'autre sens n'existe pas, il n'y a rien dans le monde relativiste qui puisse sérieusement vous influencer. Tout au plus cela peut éveiller votre désir, et il vous suffit alors de prendre. On peut comparer cette relation entre l'hyperespace et l'espace relativiste à celle des habitants de l'Olympe avec le monde des mortels.

L'OLYMPE

L'Olympe, vous le savez, est la montagne la plus haute de Grèce. Son sommet, inaccessible, toujours entouré de nuages, accueille les dieux grecs. Ils y ont élu domicile pour festoyer et, grâce à l'ambroisie qui assure leur immortalité, ils occupent l'éternité à contempler le monde.

À la différence du Dieu des écritures, ceux-ci n'ont pas créé le monde. Il est né du chaos, comme le raconte Hésiode dans sa *Théogonie*. Les dieux ont simplement acquis leur divinité en naissant des déités comme le ciel et la terre, enfantées elles-mêmes du chaos. Les dieux grecs sont soumis aux lois de la nature, ils peuplent le même espace que les mortels, et non un monde transcendantal. Mais, en même temps, ils sont exemptés de ces lois – par l'ambroisie par exemple – et demeurent inaccessibles au sommet de l'Olympe. Leur vie est un perpétuel festin.

Les dieux grecs ne cherchent pas à être aimés. Il n'y a d'ailleurs aucune logique à penser qu'un dieu cherche à être aimé. Un dieu, en tant qu'il est un dieu, dispose d'un pouvoir supra-moral sur les mortels. En cela il n'a rien à leur demander pour lui-même, il n'a pas à se poser en attente de quoi que ce soit. Il n'y a pas de complicité possible entre le dieu et le mortel. Un dieu est en droit d'exiger du respect, de l'obéissance et de la vénération, parce que la nature des mortels fait que c'est la seule forme de relation possible entre eux et la divinité. La vénération est ce qui pose un dieu, pas l'amour. Le dieu est détaché du mortel, alors que le mortel est attaché aux dieux, par obligation. Le dieu n'a ni attachement ni dépendance vis-à-vis des mortels, il n'a donc pas besoin de leur amour. Le mortel est lui dépendant du dieu, et dans l'obligation de le vénérer, parce que, vivant dans un monde de lois, il a besoin de lui pour en garantir le respect, ou parfois pour les assouplir. C'est naturellement, par son détachement, que le dieu est vénéré, d'un culte obligatoire. On n'est pas aimé en cherchant à l'être.

Cela se rapproche de ce que dit Maître Eckhart au sujet du détachement : « Les docteurs louent grandement l'amour [...]. Pour ma part, je loue le détachement avant tout amour. Pour la raison tout d'abord que le meilleur dans l'amour est qu'il me contraint à aimer Dieu, alors que le détachement contraint Dieu à m'aimer. [...] Que le détachement contraigne Dieu à moi, je le prouve par là : toute chose occupe volontiers son lieu propre naturel. Or le lieu propre naturel de Dieu est unité et limpidité, ce qui vient de détachement. Pour cette raison, Dieu doit par nécessité se donner soi-même à un cœur détaché [1]. » Par le détachement, on laisse la place aux autres de manifester leur dévotion, comme un lac ne peut exister que dans une cavité.

Une différence entre un manager et un dieu grec est que le manager ne dispose d'aucun pouvoir réel particulier, seulement celui que lui accorde l'entreprise. Ce dernier est un pouvoir délicat à utiliser, parce qu'il peut être remis en question, retiré, défié, en tant qu'il n'est pas un pouvoir naturel, qu'il ne lui est pas consubstantiel. En un mot, cela signifie que votre pouvoir réel sur vos subordonnés est celui qu'ils vous accordent, celui que vous construisez à travers la magie, l'incantation, la représentation. C'est le pouvoir que décrit La Boétie dans le *Discours sur la servitude volontaire* : « Pour le moment, je voudrais seulement comprendre comment il se peut que tant d'hommes, tant de bourgs, tant de villes, tant de nations supportent quelquefois un tyran seul qui n'a de puissance que celle qu'ils lui donnent, qui n'a pouvoir de leur nuire qu'autant qu'ils veulent bien l'endurer, et qui ne pourrait leur faire aucun mal s'ils n'aimaient mieux tout souffrir de lui que de le contredire. Chose vraiment étonnante – et pourtant si commune qu'il faut plutôt en gémir que s'en ébahir –, de voir un million d'hommes misérablement asservis, la tête sous le joug, non qu'ils y soient contraints par une force majeure, mais parce qu'ils sont fascinés et pour ainsi dire ensorcelés par le seul

1. Maître Eckhart, *Du détachement et autres textes*, Rivages, Paris, 1995, p. 50.

nom d'un, qu'ils ne devraient pas redouter – puisqu'il est seul – ni aimer – puisqu'il est envers eux tous inhumain et cruel. »

La force de votre pouvoir est donc déterminée par la place, le vide que vous laissez dans votre attitude, votre présence et votre implication, l'espace que vos subordonnés peuvent remplir de leur servitude volontaire.

Le font-ils par crainte ? En partie, oui. Il n'est pas pour autant nécessaire de vous affirmer comme dur ou dangereux. C'est le principe du détachement. Nous avons vu que le simple fait d'occuper une position de manager suffit à créer cette relation, comme un présupposé structurel. Cette position, ce vide, c'est votre mystère et votre magie, c'est – si vous en incarnez ostensiblement un tant soit peu les attributs – ce qui vous propulse dans la dimension hyperspatiale. C'est votre clé pour accéder aux commandes du moteur transdimensionnel.

Les dieux de l'Olympe n'interfèrent pas dans les affaires des mortels. Leur monde tient grâce aux lois de la nature, il n'y a donc pas d'action particulière à y mener. Les dieux d'ailleurs n'y voient aucun intérêt, ils se passionnent pour leurs propres affaires : les amours, les festins, le jeu. Les agissements et les turbulences du monde sont pour eux une distraction, un amusement, toujours sous cette forme détachée. De plus, et c'est une leçon intéressante, les interactions directes avec les mortels sont très rares, et se produisent en général pour exprimer sa colère ou satisfaire son plaisir, sous une forme déguisée. Pour rencontrer un mortel, le dieu doit prendre forme humaine. La plupart du temps la communication se fait à l'aide d'intermédiaires, qui ont un pied dans chaque monde. Ce sont soit des demi-dieux qui font office de messagers, soit des prêtres, dont la dévotion ou les attributs transdimensionnels (comme les oracles) permettent la communication. Il y a quelque chose de semblable dans les représentations que donne souvent le genre fantastique ou la science-fiction des êtres capables de communication ou de savoir extrahumain. Ils sont différents, parfois surhumains et isolés, et parfois physiquement atrophiés et malformés, comme le sont souvent les demi-dieux. Par exemple *Les plus qu'humains*, de Theodore Sturgeon, ou *Minority Report*, une nouvelle de Philip K. Dick adaptée au cinéma par Steven Spielberg. Dans *Minority Report*, les *précogs*, des êtres atrophiés qui ont le pouvoir d'entrevoir l'avenir, sont maintenus dans un bain qui les immobilise.

Votre monde, l'univers du manager, est celui des dieux, pas celui des messagers ou des demi-dieux. Votre détachement, votre magie, peut donc s'accommoder de subordonner messagers ou porte-parole, qui eux assumeront les attributs et les charges de leurs allers-retours entre les deux mondes, et qui en affronteront les risques. Vous êtes complètement dans le monde hyperspatial, votre nature est transformée, sans mélange.

Nous avons vu comment choisir les employés destinés à devenir vos lieutenants, vos chefs de projet. Ce que vous cherchez en promouvant un subordonné au grade de lieutenant est à en faire un messager, celui qui portera votre parole aux équipes des mortels. Par ce biais, vous entrez encore plus complètement dans l'Olympe, où le contact avec les êtres inférieurs ne se produit presque jamais (sauf en cas de fécondation sous le déguisement de nuées). Le messager n'appartient pas à l'Olympe, il est un exécutant. Celui qui produit les efforts de transmission du message est le seul que les mortels voient. Pour eux, il représente l'Olympe, pour vous il est un simple messager. C'est cette situation d'entre deux et de solitude qui vous aidera à assurer votre contrôle sur lui.

SUPERMAN

Pour prendre un autre exemple cinématographique, le personnage de Superman est très proche d'un dieu. Cette nature lui impose une contrainte forte : il ne peut se mêler aux mortels et vivre comme eux, en l'espèce aimer Lois Lane. Il est à tout jamais seul, et le seul moyen de rompre cette solitude, est de renoncer à sa divinité, à tous ses pouvoirs. Ce qu'il ne peut pas faire, car il perdrait tout, et notamment son utilité sur terre. Tout le monde aime Superman. On l'admire, on compte sur lui, il sauve, protège les innocents, lutte pour la justice. C'est le message que vous faites passer, dans vos incantations managériales. Comme lui, vous êtes d'une race différente, plus évoluée, lointaine, et votre présence sur la Terre, dans ce monde fragile, vulnérable, votre exposition au soleil jaune, vous rend invincible. Comme lui, vous êtes toujours prêt, toujours vif, toujours là. Mais comme lui aussi, vous êtes lisse, sans travers, votre discours est toujours respectueux, toujours positif, vous êtes un modèle de comportement et de tenue. Comme lui, vous allez où vous voulez, quand vous voulez, vous ne planifiez pas, mais, de par votre importance, vous répondez aux besoins. Comme lui, enfin, vous êtes tout entier dédié à cette tâche supérieure, et vous n'avez rien qui ressemble à une vie normale d'être mortel.

4
LE MODÈLE MAGIQUE DU MANAGER

Afin de vous donner un cadre conceptuel, un modèle d'action et un outil mnémotechnique pour vous permettre de vous approprier les réflexes de l'action magique et transdimensionnelle du manager, nous avons créé le Modèle Magique du Manager. Il est développé en acronyme : M.A.N.A.G.E.R.

Ainsi, M.A.N.A.G.E.R., c'est...

M. : MARTELER

Pour convaincre, la méthode la plus efficace est la répétition. Captiver l'intérêt de l'auditoire par le discours n'est pas toujours possible, la répétition permet de faire mémoriser, intégrer les idées importantes, d'installer une connaissance, d'atteindre l'inconscient, de bâtir des croyances. Les dramaturges le savent. Une pièce de théâtre se doit de répéter plusieurs fois le nom des protagonistes et les informations importantes, pour que le public s'en souvienne. Une seule fois ne suffit pas. Nous avons naturellement tendance à croire et à nous imprégner de ce qu'on nous répète. À la première écoute, nous pouvons ne pas prêter attention, ou notre esprit critique peut réagir. La répétition permet de franchir ces obstacles. L'effet sera encore plus fort si la même information provient de sources diverses : répétez ce que votre auditoire a déjà entendu des médias, des porte-parole de la société, des autres cadres. Il y aura ainsi effet de convergence, le doute, la critique ne seront plus possibles.

Marteler, cela veut aussi dire être le plus pur canal de l'information possible. Vous ne pouvez vous permettre le luxe du doute, ni pour votre auditoire ni pour vous-même. Votre réussite se mesure à votre degré de conviction. Les valeurs de l'entreprise sont les vôtres, sans hésitation, vous n'êtes pas seulement un acteur qui joue la pièce de l'entreprise. Cette pièce, c'est votre vie même. Vous devez embrasser le système et l'idéologie de l'entreprise comme on se donne à une religion. Un peu de fanatisme même sera bienvenu. Votre message ne pourra être parfaitement cohérent que dans cette totale identification. Cela étant réalisé, la répétition viendra d'elle-même, comme un fait naturel.

A. : ANNONCER

Mettez en scène votre communication, emballez-la dans les formes de l'officiel, du hiératique, du sérieux, du cérémoniel. Moins le contenu de votre discours est riche, plus vous devez le compenser par un emballage solide. Les littéraires appellent cela le paratexte : le discours qui accompagne une œuvre. Ce que vous dites est fort, solide, officiel, votre parole porte la grandeur d'une entreprise puissante et virile, faites-le comprendre.

Pour habiller de splendeur vos communications, utilisez l'effet d'annonce, ou dans ce cas, ce qu'on peut appeler l'annonce d'effet. Ne vous contentez pas de communiquer le contenu, mais entrelardez votre discours de l'affirmation des effets qu'il doit produire. Provoquez une prophétie autoréalisatrice. Utilisez des formulations comme : « Je vais vous donner un message fort » ; ou, plus subtilement : « J'ai une bonne nouvelle à vous annoncer. » Décrivez ce que l'auditoire va ressentir, faites vous-même, à l'avance, l'analyse d'impact de vos propos, comme si cette analyse était un complément d'information. Certifiez l'importance et la qualité de votre message. La pratique en est suffisamment courante en communication politique ou professionnelle pour ne pas surprendre. Au contraire, son artificialité sera dissimulée derrière ces atours d'efficacité et de solennité.

N. : NARGUER

Narguer ? Oui, narguez. Narguez le danger, la logique, le respect, la vérité. Bravez, comme si elles n'existaient pas, toutes les règles et notions qui pourraient se mettre sur le chemin de votre réussite. Tout est possible, à partir du moment où vous le créez de votre propre parole. Tout est construction humaine, donc tout peut être déconstruit. Nous avons vu comment La Boétie s'étonne devant la soumission de millions d'hommes à un seul gouvernant. Mais autour de nous les exemples foisonnent : certains dirigeants d'entreprise sont plus riches à eux seuls qu'une nation tout entière, certains sont remerciés en touchant une indemnité prodigieuse, certains cadres tyrannisent leurs employés tout en restant les plus promus de l'entreprise, car ils sont considérés comme efficaces. Pour vous, souvenez-vous, il n'y a pas de loi, pas de contrainte que vous ne pouvez dévier, réinterpréter à votre avantage, retourner purement et simplement. Vous encourez réellement très peu de risques. Prenons deux exemples pour le démontrer.

Premièrement, si vous vous y prenez correctement, vos employés auront beaucoup de mal à vous mettre en difficulté, que ce soit auprès de vos supérieurs, ou par voie légale. Votre appartenance au monde de l'hyperespace, votre détachement supérieur vous rendent intouchable. Citons un exemple fourni par Dominique Lhuilier. Jacques est un employé communal qui a été pris en grippe par le nouveau maire. Celui-ci a fini par lui donner un poste de « surveillant » dans une décharge publique :

« Jacques s'est tourné aussi vers l'inspection du travail. Mais celle-ci n'intervient pas dans la fonction publique. Il a engagé une procédure auprès du tribunal administratif. Quatre ans après, il attend encore le jugement. Il a également pris contact avec le médecin du travail : “Je lui ai dit : ‘Venez voir où je me trouve, pas de chauffage, pas de toilettes, pas de moyens de communication...’ Il est d'abord allé à la mairie. Là, on lui a expliqué que je n'étais pas fréquentable. Il est quand même venu me voir sur ma décharge : ‘Surtout ne dites pas que je suis venu, le maire m'a dit de ne pas me mêler de tout ça.’ Si la médecine du travail ne prend pas en compte la situation de travail mais seulement la tension et les réflexes des genoux, ce n'est pas la peine.

Je lui ai écrit une lettre recommandée signalant tous les problèmes. Il m'a adressé une réponse désarmante : 'Je ne suis que le conseiller de l'employeur, je n'ai pas d'autre pouvoir que mes conseils.' Après, j'ai compris son silence : il a créé une association, et celle-ci reçoit des subventions de la ville !" [1] »

Cet exemple est particulier, car il touche la fonction publique. Mais les entreprises privées ne sont pas démunies pour autant. Votre imagination et votre mauvaise foi seront garantes de votre succès. Le second exemple est à un autre niveau. On parle beaucoup de délits d'initié. Ceux-ci sont-ils souvent punis ? Réponse dans le journal *Le Monde* du 5 octobre 2007 : « Le délit d'initié consiste à utiliser une information qui n'a pas été rendue publique pour réaliser un profit sur les marchés. Avec son "tuyau", l'investisseur vend des titres avant une annonce susceptible de faire chuter les cours ou les achète avant qu'ils ne flambent. Le délit peut aussi être indirect en permettant à un tiers de réaliser ce profit illicite (recel de délit d'initié).

« Cette infraction relève du droit pénal, mais est souvent détectée par l'Autorité des marchés financiers (AMF). Le gendarme de la Bourse, qui transmet son enquête au parquet, poursuit alors ses propres investigations. L'AMF parle de "manquement d'initié". [...]

« La difficulté, pour l'AMF et le juge, est de prouver que les achats ou les ventes de titres ont été faits sur la base d'informations privilégiées. Les initiés peuvent faire valoir leur propre intuition.

« Cette complexité explique le petit nombre de condamnations en France. "L'infraction est d'autant plus difficile à démontrer que la société est grosse", explique Anne Maréchal, avocate chez DLA Piper, ancienne responsable des services de surveillance des marchés à la Cob (ex-AMF). [...]

« Carrefour-Promodès. Huit personnes (banquiers, boursiers et journalistes) sont soupçonnées d'avoir acheté des actions Promodès avant l'annonce de son rachat par le groupe de distribution Carrefour en août 1999. En décembre 2004, le juge prononce un non-lieu général [2]. »

1. Dominique Lhuilier, *Placardisés : des exclus dans l'entreprise*, Seuil, Paris, 2002, p. 15.

2. C. Ducourtieux et C. Gatinois, « Le délit d'initiés est rarement prouvé par la justice », *Le Monde*, 5 octobre 2007.

Comme il est mentionné dans cet article, plus la société est grosse, plus l'infraction est difficile à démontrer. C'est aussi valable à votre échelle : plus votre distance est grande avec la réalité des mortels, moins vous êtes, naturellement, accessible.

A. : ABSTRAIRE

Pour prendre toute l'ampleur de la magie du monde de l'entreprise, débarrassez-vous de toute velléité de parler du réel, de toute référence au cours normal de la vie humaine, à tout sentiment, toute subjectivité, à toute nuance et à toute profondeur dans les mots et les notions que vous manipulez. La magie, c'est-à-dire l'absence de causalité logique entre une action et son effet, passe par la technicité, par le système, par la maîtrise des concepts scientifiques, de leur jargon, et par une sorte d'intelligence froide, analytique et désincarnée. Vous êtes comme le sous-programme d'une mécanique parfaitement fonctionnelle, autosuffisante, autoexplicative. Vous recrachez des programmes aussi lisses et stylisés que ceux qui vous ont formé. Vous ne consoliderez pas les valeurs de l'entreprise et la perfection de leur agencement en vous référant à des raisonnements subtils. Vous déclamez une poésie de chiffres, de machines à générer du profit, de rationalisations de variables. C'est là où on vous attend pour créer du bonheur dans la machine. La logique du profit, et de sa jouissance personnelle : profiter du profit se construit sur des assemblages, des graphiques, des exploits, la précision et l'efficacité. La séduction naît du charme de la perfection technique, de la majesté des rouages.

Fuyez le symbole, restez dans les calculs et l'abstraction froide. Le symbole est un moyen d'exprimer l'impalpable, la complexité humaine à l'aide d'images, de métaphores. C'est un outil herméneutique. Il est absolument à proscrire dans l'entreprise, car il s'oppose directement à la machine. Expression de l'inconscient, il en représente le langage et est de ce fait une échappée vers des horizons d'aberrante liberté.

Certes, le symbole n'échappe pas complètement au contrôle, il peut être manipulé. Mais le degré d'habileté requis est sans commune mesure avec l'ingénierie froide des abstractions. Le symbole peut s'approprier, il produit du sens, là où l'abstraction est reçue et génère de la valeur. C'est la valeur qui accrochera votre public, le sens ne peut que le détourner de l'entreprise. L'abstraction nous modèle, nous devons l'accepter comme elle est, impérative et sèche. Elle donne directement des indications, alors que le symbole ne guide pas, ne montre aucune voie. Le symbole parle d'intimité, peut-être d'émotion, de mystère, il pose plus de questions qu'il n'apporte de réponses. Rien en lui ne rassure. L'abstraction est simple, sans profondeur, elle permet de construire un cadre de vie collectif, et son cortège de présupposés, qui se renforce par la servitude volontaire. C'est un message complet, qui contient toute la marche à suivre, un chemin universel.

Il n'y a pas d'échappatoire à la tendance que notre civilisation a embrassée, nous savons maintenant que la rationalité est l'approche universelle. La philosophie, l'économie, la médecine, la psychologie, les disciplines majeures des sciences humaines sont mathématiques et objectives, quantitatives. Elles utilisent les outils statistiques, la rationalisation des comportements et des intérêts, elles digitalisent, elles organisent des démonstrations impeccables. Le symbole ne survivra pas au système, qui a acquis notre confiance et conquis notre estime. C'est notre point de repère, il imprime nos vies. C'est la pure parole de la vérité que nous avons désirée depuis toujours.

Comment, concrètement, pratiquer l'abstraction ? En vous imbibant des théories du management, des méthodologies diverses, non pas tant pour les appliquer à la lettre – ce qui pourrait vous demander un effort et une implication pénibles – mais bien plutôt pour vous en réclamer ostensiblement. À cela, ajoutez autant que possible les méthodes d'ingénierie de votre domaine d'activité : rationalisation de la production, gestion de projet, *software engineering*... Modelez votre parole comme une réflexion permanente mesurée à l'aune de ces principes. Cela vous permettra de réduire toute activité et surtout toute conséquence à des articulations de ces théories. Qu'il ne vous importe pas d'être compris. La clarté dans ce domaine est contre-productive car elle offre trop de points d'appui à votre interlocuteur. Auréolez-vous de maîtrise, cultivez l'insondable. On ne peut contredire ce sur quoi l'on n'a pas prise, ce qui nous dépasse semble parfaitement organisé.

Abstraire vous permet de vous appuyer sur les mécanismes de défense de vos interlocuteurs. La vie professionnelle est stressante, elle crée des tensions internes qui sont difficiles à vivre. Comme nous l'avons vu, l'individu développe des mécanismes de défense pour maintenir la cohérence du moi. L'un de ces mécanismes est l'isolation. Il est à la fois efficace et répandu car il correspond bien aux tendances de notre culture. Voici la façon dont Alex Mucchielli le définit : « Ce mécanisme de défense du moi est une sorte de refoulement partiel. Les affects associés à une représentation sont dissociés de cette représentation et sont seuls rejetés dans l'inconscient. Il reste la connaissance intellectuelle pure, l'idée est discutée dans l'indifférence affective.

« Par exemple, penser à l'amour (pour les malades) réveille toute une série d'inquiétudes liées à des interdits et à des tabous individuels et sociaux. La défense face à cette inquiétude interne consiste à distinguer deux parties dans l'amour : l'amour-sexualité et l'amour-tendresse, à “isoler” la première et à ne parler que de la seconde [1]. »

Abstraire permet de générer cette dissociation, de ne valider que la connaissance intellectuelle pure, et de statufier vos interlocuteurs dans ce dépouillement affectif.

G. : GLOBALISER

La position de manager implique un élargissement de la vision. Vos responsabilités doivent être affirmées comme aussi larges que possible, elles doivent embrasser autant d'espace qu'il se peut, et naturellement votre discours doit résonner au diapason. Parlez toujours général, embrassant, global. Considérez-vous toujours, explicitement s'il le faut, comme le dépositaire de la vision de l'entreprise. Selon les exigences de l'interaction, débarrassez-vous des détails et des cas particuliers comme on nettoie des miettes sur un veston. Appuyez-vous sur des élé-

1. Alex Mucchielli, *Les Mécanismes de défense*, PUF, Paris, 1992, p. 16.

ments inconnus de vos interlocuteurs, faites-les K.O. par la supériorité de votre connaissance universelle. Démontrez-leur qu'ils n'ont pas – comme vous – tous les éléments pour juger en connaissance de cause. Planez au-dessus, comme un aigle qui survole son territoire, qui voit tout, hors d'atteinte, royal. Vous acquerrez ainsi la capacité magique de l'omniscience. La vision globale, toujours la vision globale. Elle vous permet à la fois de tout comprendre, et de ne rien risquer.

E. : EXAGÉRER

Exagérer est, pour certains, une habitude à prendre et, pour d'autres, une capacité déjà naturellement développée. Ceux qui ont tendance à se confiner dans un mode d'expression mesurée éprouveront probablement une grande difficulté à sortir de ce schéma. Mais ceux qui sont déjà prédisposés à appuyer et embellir sentiront peut-être aussi des réticences, ayant constaté un accueil parfois mitigé. C'est normal : on ne peut exagérer n'importe comment. L'amplification à elle seule ne constitue pas un acte magique. Si elle n'est pas soigneusement enveloppée par d'autres techniques dont nous parlons dans ce livre, elle vous renvoie simplement à la condition de doux baratineur. L'exagération, pour faire effet, doit être orientée et délibérément mise au service de vos objectifs. Elle permet d'enchanter des domaines où le désir de s'investir et le rêve cherchent à se développer. Dans ce cadre la sobriété est une cruelle erreur car elle maintient une tiédeur déprimante. Exagérer signifie motiver, imprimer l'esprit par l'imagination, par la beauté des perspectives. L'outrance n'est pas uniquement positive, on peut évidemment à l'identique motiver par l'exagération de la crainte. L'un et l'autre vous permettent d'introduire l'élément d'irrationnel qui manque aux constructions froides de l'abstraction et de la globalisation et de parler directement aux pulsions. Le principe est de se saisir de l'irrationnel, de le faire tenir debout, de le pousser, comme on présente une marionnette à l'admiration des enfants.

Si vous pensez qu'on ne vous suivra pas lorsque vous exagérez l'importance d'une situation, la brillance des produits ou des idées, la fortune de l'entreprise, le comportement de vos subordonnés et tout élément sur le lequel la lumière doit être vivement projetée, rassurez-vous. Votre auditoire attend cette emphase, s'en nourrit, l'amplifie. Elle est poésie, elle redonne à la parole sa puissance évocatrice, créatrice et transcende l'humiliante fadeur dont la linguistique du xxe siècle, depuis Saussure, l'a accablée en la nivelant en un champ de signes conventionnels. L'exagération nous restitue la puissance du langage dans notre relation au monde. Elle nous permet de lui redonner du souffle, de lui insuffler du cœur, de briser l'artificialité du signe.

Qu'il est désolant de s'abîmer dans l'expression triste de la réalité ! Observez par exemple à quel point les politiques les plus écoutés et les plus aimés savent transmettre de vives sensations, former des inquiétudes qui n'ont souvent rien à voir avec les problèmes réels, sans amener aucun moyen profond de les résoudre. Qu'importe même ce que leur auditoire souhaite entendre, en pratiquant l'abus déguisé en une parole raisonnée, logique, concrète et réalisable, ils sont écoutés. Le vrai ou le faux n'a aucune importance. Au rayon des idées, tout peut paraître logique. Ce qui importe, c'est que cela frappe, que cela parle, que cela évoque, que cela emporte. Si vous ne deviez conserver que deux outils dans votre boîte, ce seraient ces deux-là, complémentaires, sur certains points opposés : l'abstraction et l'exagération. Ils semblent se contredire et, pour cette raison, pour obtenir un maximum d'effet, utilisez-les ensemble. Dans les situations quotidiennes, l'abstraction peut suffire. Lorsque la situation devient houleuse, l'exagération fait passer la confusion générée par l'abstraction pour une ouverture désirable vers de nouvelles idées, des solutions brillantes. Bref, vous rassurez.

R. : RASSURER

Votre mission finale est d'emballer le reste de votre discours dans la ouate de la rassurance. Rassurez toujours vos supérieurs, rassurez et inquiétez alternativement vos employés : rassurez-les sur l'entreprise, inquiétez-les sur eux-mêmes. La puissance de sentiments comme la honte, la jalousie ou la peur est largement reconnue par ceux qui se font une profession de diriger les esprits. En publicité, la peur est considérée comme une motivation aussi puissante que l'envie, comme le confirme le groupe Marcuse : « Souvent, l'achat de nouveaux produits est bloqué par des barrières culturelles. La publicité cherche alors à faire tomber ces "freins" et ces "inhibitions". Pour promouvoir le culte du nouveau, elle stigmatise les traditions et culpabilise les "retardataires" en jouant sur les faiblesses des individus, notamment sur la peur d'être marginalisé en ayant l'air *out* [1]. »

Mais attention, la peur doit être sans objet concret, elle doit être une peur de concept, de grandes idées contre lesquelles l'homme se sent naturellement impuissant. Puisqu'il n'a aucune prise, aucun moyen d'action, aucune manifestation tangible contre laquelle lutter, il ne peut que s'y abandonner et chercher son salut ailleurs, vers vous. C'est parce que cette peur est suggérée par des sources diffuses, non identifiables – un ennemi invisible – et que par conséquent elle n'a pas d'issue, qu'il va l'entretenir lui-même. Rassurer, c'est prendre en compte ces peurs sourdes qui maintiennent l'individu dans l'inconfort, et opérer, en vérité, un renforcement de cette dépendance en donnant en pâture des éléments d'espoir *qui vont dans le sens* de cette aliénation. Le soulagement ambigu la rendra plus complexe, donc plus complète. Signifiez que pour vous cette situation aliénante est comme un état naturel, vivifiant, dans lequel vous évoluez parfaitement à l'aise, que vous la vivez par choix, que vous en avez les clés, ce qui vous donne la crédibilité d'un porte-parole. Vous pouvez montrer en quelque sorte qu'on s'y trouve bien, et qu'il n'y a que douleur et égarement dans la résistance, comme dans un nœud qui se resserre à chaque fois

1. Groupe Marcuse, *De la misère humaine en milieu publicitaire : comment le monde se meurt de notre mode de vie*, La Découverte, Paris, 2004, p. 70.

qu'on se débat. Même si votre rassurance n'est pas crédible, qu'elle contredit à l'évidence la réalité de la situation (économique par exemple, si vous rassurez quelqu'un qui s'inquiète pour son poste), elle sera reçue avec gratitude. Il vous suffit d'encourager, de tendre une perche aux appels de déni. On fuit celui qui montre la réalité, on se tourne vers celui qui rassure. Cela maintiendra la situation à votre avantage, puisque vous n'aiderez pas votre interlocuteur à s'en libérer en l'affrontant de face. Vous le rassurerez dans la réalité de la structure qui entretient la peur.

Concernant les projets que vous dirigez et l'ensemble de vos tâches, tout va toujours bien. Vous devez toujours rassurer vos supérieurs. Pour le faire avec crédibilité, soyez ferme et non sirupeux. Ne vous attachez pas à la réalité, elle a peu à voir avec la rassurance. Sachez inclure des bémols et des formes de transparence que vous utiliserez agressivement pour convaincre votre auditoire de votre sincérité. Donnez l'impression de jouer franc jeu, prononcez abondamment les mots qui annoncent cette franchise, comme nous l'avons vu plus haut. Utilisez pleinement l'effet d'annonce, dévoilez votre programme pour en faire une sorte de performatif : le fait même d'avoir annoncé que vous êtes sincère suffira à convaincre de votre franchise.

CONCLUSION

Nous vous avons présenté, tout au long de ce petit guide, ce que vous devez mettre en œuvre, en termes de changements concrets et profonds, pour vous épanouir dans votre identité de manager. Comme nous l'avons vu, être manager ne se résume pas à une collection de pratiques, ou même de savoir-faire. Ceux-ci sont importants, mais ils ne font que caresser la surface. Les pratiquer sans s'impliquer plus intimement dans votre condition de leader vous exposerait au ridicule, tout à fait comme le Bourgeois gentilhomme, et vous finiriez comme Monsieur Jourdain : le participant floué, moqué, dépouillé, d'un long canular.

Vous avez vu que devenir manager, le devenir vraiment, est une opération progressive, et qu'elle débouche sur une transformation. Cela veut réellement dire changer sa vie. C'est un chemin qui comporte des pentes et des virages, mais qui conduit immanquablement à un carrefour, un endroit pivot important, où se décide cette transformation. Nous avons essayé de vous dessiner clairement le plan du chemin, et surtout, de vous préparer à effectuer le bon choix, lorsque vous vous y retrouverez.

Imaginez un vendeur, un commercial, ce qu'on appelle encore un VRP, « voyageur représentant placier », en début de carrière. Souvent le démarrage est difficile. Aller à la rencontre des clients est intimidant, essuyer leurs refus, leurs signes de mécontentement, désespérant. Mais, dans la carrière d'un VRP, vient assez tôt ce moment décisif qui décide de la poursuite de sa carrière. Il sonne à une nouvelle porte, qui s'ouvre timidement après une minute. Une tête apparaît dans l'entrebâillement. Alors que le VRP commence à réciter son boniment, son client amorce le geste de refermer la porte. Mais cette fois, juste à temps, il y glisse son pied. C'est la première fois. Le simple geste de faire pénétrer quelques centimètres de lui chez son client, sans avoir attendu son accord, est le basculement qui va lui ouvrir les portes de la réussite. En entrant dans cette maison, le VRP franchit, pour toujours, un espace symbolique.

Pour devenir manager, vous devez mettre le pied dans la porte. Vous devez forcer votre passage, vous vendre, convaincre, et rester. Vous n'avez matériellement que deux espaces possibles : le couloir, et cette pièce derrière la porte qui s'entrouvre. À vous de choisir où vous voulez être.

TABLE DES MATIÈRES

Composition Facompo, Lisieux
Achevé d'imprimer
par Firmin-Didot à Mesnil-sur-l'Estrée
Dépôt légal : avril 2008
Numéro d'imprimeur : 89686

Imprimé en France